斉藤謠子
お気に入りの布で作るキルト

Centenary Collection by Yoko Saito

センテナリーコレクション 20th Anniversary

日本ヴォーグ社

はじめに

布選びはパッチワークキルトを作る上でとても大切です。20年前、まだ自分にとって使いやすい布柄が少なかった時代に、メーカーさんから声をかけていただき、オリジナルの布をデザインする機会をいただきました。真っ先に思い浮かんだのは、大好きなアンティークキルトです。本をたくさん持っていましたので、写真に写っている布片の柄をルーペで拡大して見て自分の好きな布を選び、また、昔の生地の資料などからも参考にして、現代に使いやすい色や柄にアレンジしたのがセンテナリーコレクションです。

　早いもので、このシリーズが20回目を迎えることができました。その間に自分の好みも変わってきたと思います。アメリカンカントリーから、北欧のスモーキーな色合いに魅かれ、今ではそこからさらに変化しているように思います。一貫していえるのは、自分が好きな布、お気に入りの布、を選んできたということです。キルト作りにはそれが一番大切だと思います。

　布は出合いです。同じ色柄の布がいつまでもあるとは限りません。この本で使っている布たちは、ほとんどが2014年の秋に出たコレクションのものです。同じ布が求められれば素晴らしいですが、もし手に入らなくても心配しないで下さい。かつて私がアンティークキルトを見ていた時のように、そこに使われている布片を、たとえ小さいピースだとしてもじっくり見て、似た布を探してみて下さい。そうすることで、あなたのキルト作りの世界がさらに広がると思います。

斉藤謠子

もくじ

1　花のワンショルダー … p.006
2　赤い星のバッグ … p.008
3　青い星のバッグ … p.010
4　小鳥のショルダーバッグ … p.012
5　葉っぱのグラニーバッグ … p.014
6　野の花摘みのバッグ … p.016
7　スープカップポーチ … p.018
8　コーヒーカップポーチ … p.018
9　フクロウのバッグ … p.020
10　花とかご編みのバッグ … p.024
11　花のポーチ … p.024
12　まると十字のバッグ … p.026
13　まわるまるのショルダーバッグ … p.028
14　ストリングのショルダーバッグ … p.030
15　四角つなぎのペンケース … p.031
16　ころんとしたポシェット … p.032
17　ティーコゼ 花のある家 … p.034
18・19　家型ティーマット1、2 … p.034
20　街並みのテーブルクロス … p.034
21・22　布箱1、2 … p.036

23	はさみ入れ … p.038	20thセンテナリーコレクションの紹介 … p.048
24	口金の裁縫箱 … p.038	キルト作りのための基礎レッスン … p.052
25	六角形の針刺し … p.038	プロセスレッスン コーヒーカップポーチ … p.054
26	花とかごのキルト … p.040	作品の作り方 … p.064
27	ベツレヘムの星 … p.042	
28	風にゆれる花 … p.044	

HOT LINE　この本に関する質問はお電話またはwebで
書名／斉藤謠子　お気に入りの布で作るキルト
本のコード／NV70254
担当／キルトジャパン編集部
Tel.03-5261-5489(平日13:00～17:00受付)
webサイト「日本ヴォーグ社の本」：
http://book.nihonvogue.co.jp/(終日受付)
画面右上(お問い合わせ)からお入り下さい。
注)webでのお問い合わせはパソコン専用になります。

本書に掲載の作品を、複製して販売(店頭・ネットオークション等)することは禁止されています。
手作りを楽しむためにのみご利用下さい。

 花のワンショルダー
作り方 …… p.066

先染めのチェックに、アップリケと刺しゅうをのせました。ペールトーンの柔らかな色合いが優しい印象です。

2 赤い星のバッグ
作り方 ……… p.068

印象的な赤で描いた星。プリントの白地がところどころに入ってきれいです。

3 青い星のバッグ
作り方 ......⋼ p.070

刺しゅうとアップリケを放射状に広げてみたら、青い星が浮かび上がりました。左右対称のデザインが心地よく感じます。

4

小鳥の
ショルダーバッグ

作り方 p.072

青い鳥と赤い鳥、幸せを運んでくれそうな2羽を向かい合わせにアップリケ。ポケットをたくさんつけて使いやすいバッグにしました。

5 葉っぱのグラニーバッグ
作り方 p.074

パイピングをはさんで枝にみたて、葉っぱをちらしました。
土台の布は柔らかい色がよかったので、茶色のチェックの裏側を使いました。

6 野の花摘みのバッグ
作り方 p.076

可憐な草花をポケットとまちにアップリケしたバッグは、形もユニーク。芯を入れてしっかりと形作りました。

7 スープカップポーチ
作り方 p.078

8 コーヒーカップポーチ
プロセスレッスン p.054

持ち手のついたチャーミングなポーチ。ファスナーは2本のテープの1本だけを使ってつけています。

9 フクロウのバッグ
作り方 p.080

森の賢者フクロウは、愛嬌のある姿が気に入っています。
植物モチーフの柄布をベースに使い、柄に合わせてキルティングを刺しています。

20th Anniversary CENTENARY COLLECTION BY YOKO SAITO & LECIE

10 花とかご編みのバッグ
作り方 ……▷ p.082

11 花のポーチ
作り方 ……▷ p.084

木目調のプリントは何かと便利。かごを編んだように組み合わせたり、土を表現したりしています。
バッグの持ち手に使うと、かごバッグのようにも見えますね。

12 まると十字のバッグ
作り方 p.086

2つのパターンを組み合わせただけですが、さまざまなプリントとチェックを使ったので単調になりません。

13
まわるまるの
ショルダーバッグ

作り方 ……… p.088

4枚2種類のブロックで一つのまるを作っています。
ピースワークとアップリケ、まるの中にさらにまるの線が見えてくるので、くるくるまわって見えます。

14
ストリングの
ショルダーバッグ
作り方 p.090

細長いストリング布をはぎ合わせました。一枚の布だけより、
はぎ合わせることで布に表情が生まれておもしろいですね。

15
四角つなぎの
ペンケース

作り方 …… p.092

小さな布をつないでつないで。はぎれを集めてくれば、いろいろな布で作れますね。

16 ころんとしたポシェット
作り方 p.094

シルエットが愛らしいポシェットですが、ボタンでとめたタックをはずすと、袋口が大きく開くすぐれものです。

17 ティーコゼ 花のある家
作り方 p.096

18・19 家型ティーマット1、2
作り方 p.098

20 街並みのテーブルクロス
作り方 p.099

テーブルまわりの小ものは、モチーフをそろえてまとめました。
テーブルの上が映えるように、テーブルクロスは色調を抑えた布選びをしています。

21・22 布箱1、2
作り方 p.100

布を整理する箱があると便利だと思い、同系色の布をいくつもつないで作りました。
手縫いが大変な方は、ミシンで縫うと素早くできます。

23
はさみ入れ
作り方 p.102

24
口金の裁縫箱
作り方 p.104

25
六角形の針刺し
作り方 p.079

038

針道具の整理整頓は、使い勝手を考えて手作りします。中にしまうものをアップリケしておけば一目瞭然ですね。

26 花とかごのキルト
作り方 p.108

素朴な花が好きです。花だけを描くより、葉や枝を多く入れています。
土台にはトワルドジュイ風の大柄の布を使い、さり気ないニュアンスを出しています。

27 ベツレヘムの星
作り方 p.106

伝統的なパッチワークのパターンを並べました。遠目に見ると、星が瞬いているように見えませんか?

28 風にゆれる花
作り方 …… p.109

少し首をかしげた花たちは、風にゆれているよう。モチーフごとにキルトラインを変えたことも一役買ってくれていますね。

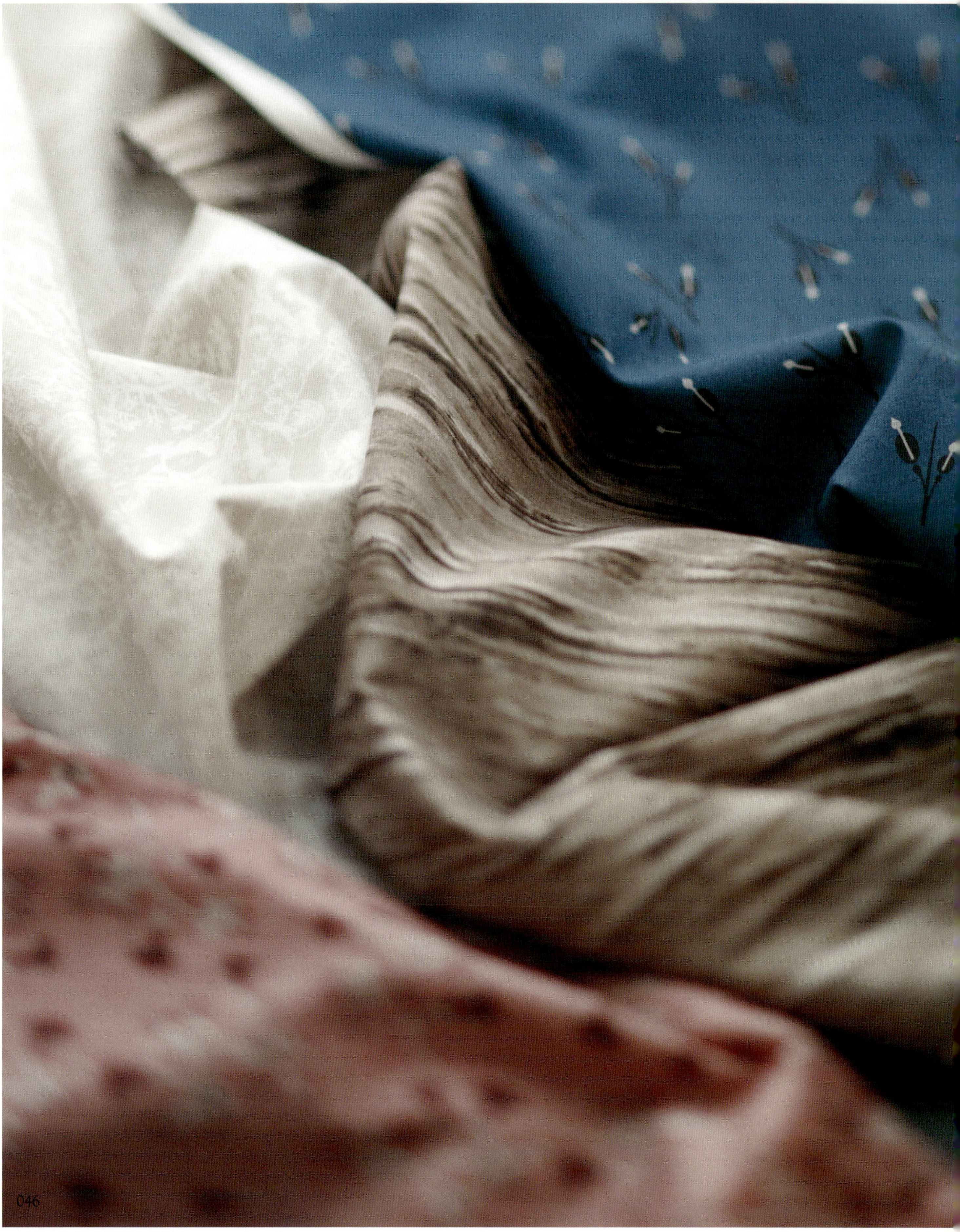

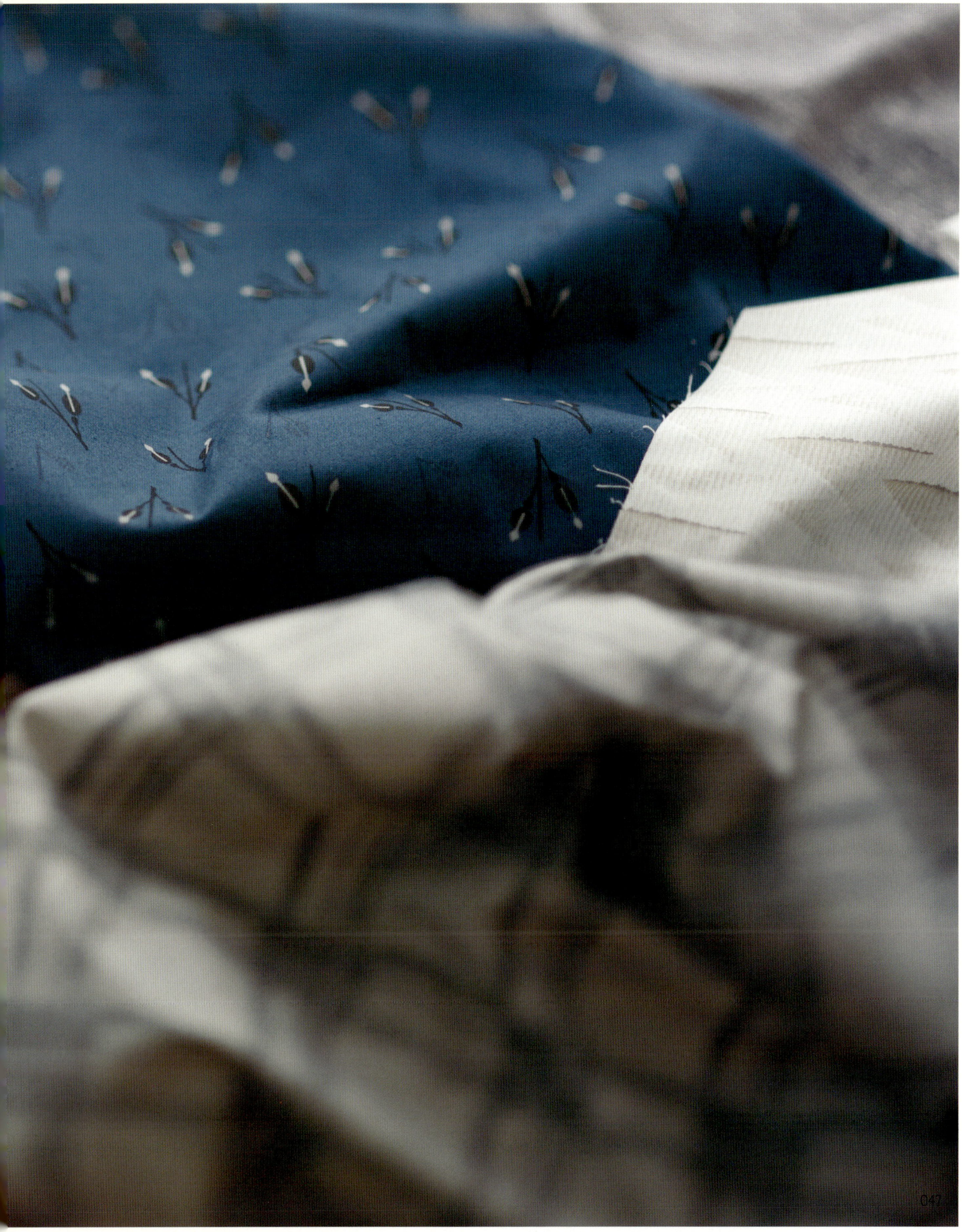

20thセンテナリーコレクションの紹介

2014年秋に発売された新柄をご紹介します。

No.30910 実の柄

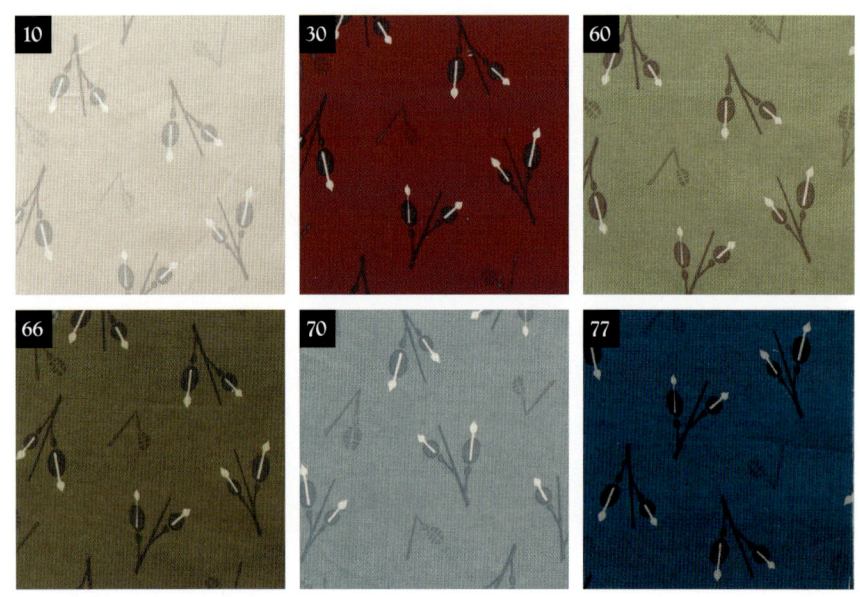

| 10 | 30 | 60 |
| 66 | 70 | 77 |

モダンにデザインされた2つの実がついています。柄のとり方でピースワークにもアップリケにも効果的に使えます。30・66・77はポイントカラーに使うのもおすすめです。

No.30914 ムラ縞

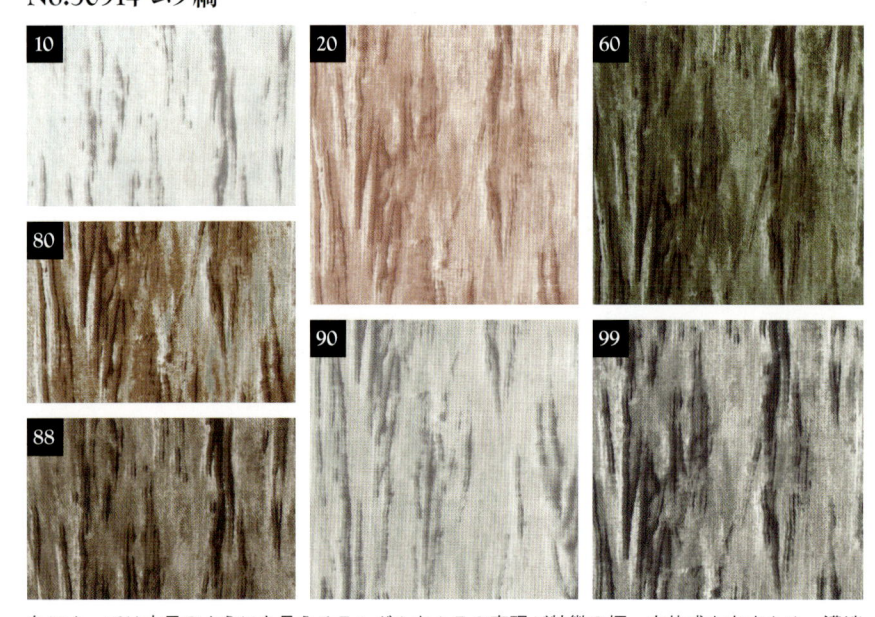

10	20	60
80	90	99
88		

色によっては木目のようにも見えるランダムなムラの表現が特徴の柄。立体感を出すため、濃淡の色をしっかりつけています。

No.30916 トアール

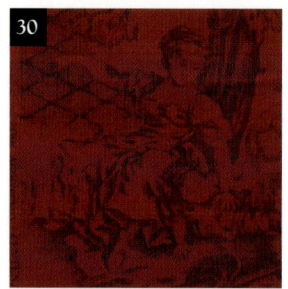

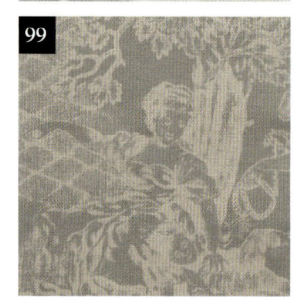

10, 30, 80, 90, 99

トワルドジュイのような、アンティーク調の大きな柄。繊細な柄を生かして大きく使って下さい。

Centenary Collection Print & Check No.XX

No.30913 矢柄

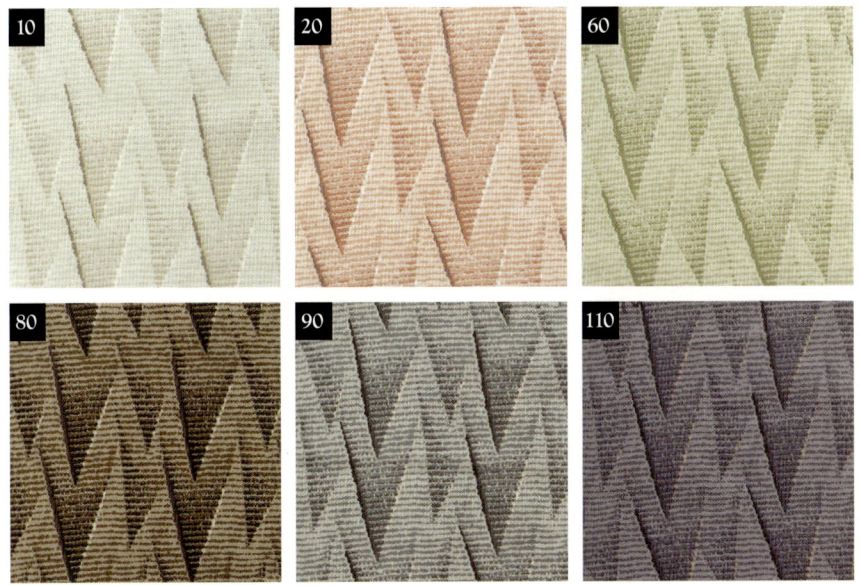

| 10 | 20 | 60 |
| 80 | 90 | 110 |

矢を表現した動きのある柄が特徴的。ベースとして使えるよう、矢柄がはっきり出すぎないよう、色めはトーンで押さえました。

No.30911 ツルと花

| 10 | 20 | 30 |
| 60 | 70 | 80 | 90 |

地模様に細かな表現を入れ立体感を出しました。豊富なカラーバリエーションでさまざまな楽しみ方ができそうです。

No.30912 点と縞

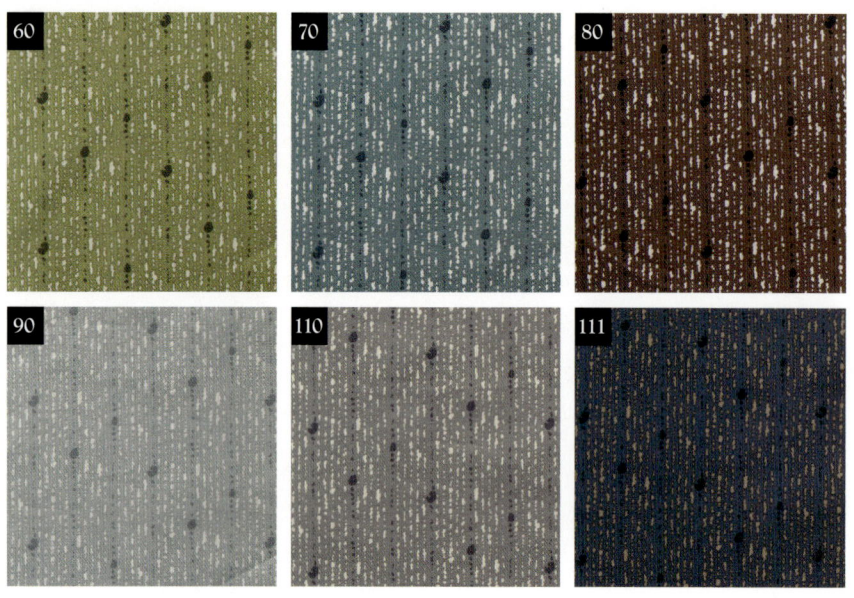

No.30915 チェック

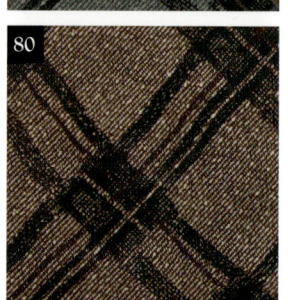

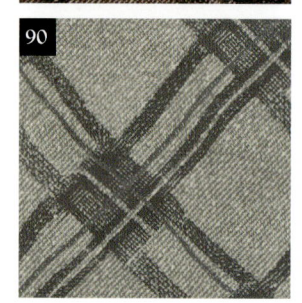

点をストライプ状にデザインした柄。縞模様ほどはっきりしすぎないけれど、方向性があるのでたて地、よこ地と変えて使うとおもしろくなりそうです。

No.30917 起毛チェック

フランネルのように少し起毛したチェックは私のこだわりでもあります。起毛させることで線が柔らかくなります。優しい手触りも気に入っています。起毛が苦手な方は裏面を使って下さい。

大きなバイアスのチェックを手描き風ラインでデザインしました。線が柔らかく出て主張しすぎないので、ベースに使うのがおすすめです。

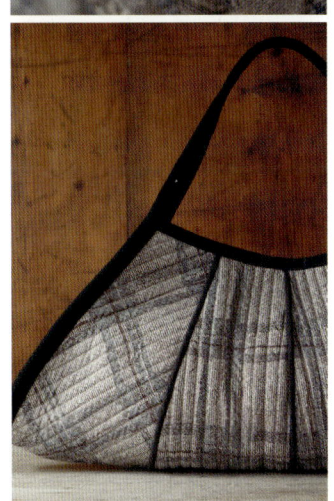

No.30918 ワッシャーチェック
01　02　03

No.30919 ワッシャーチェック
01　02

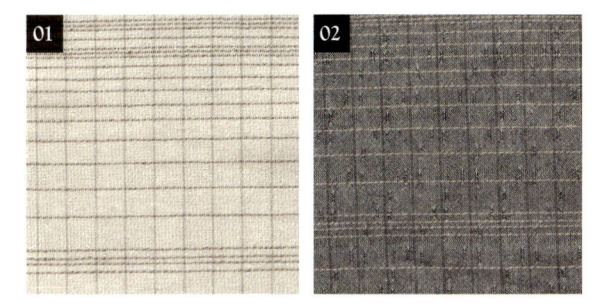

No.30920 ワッシャーチェック
01　02　03
04　05　06　07

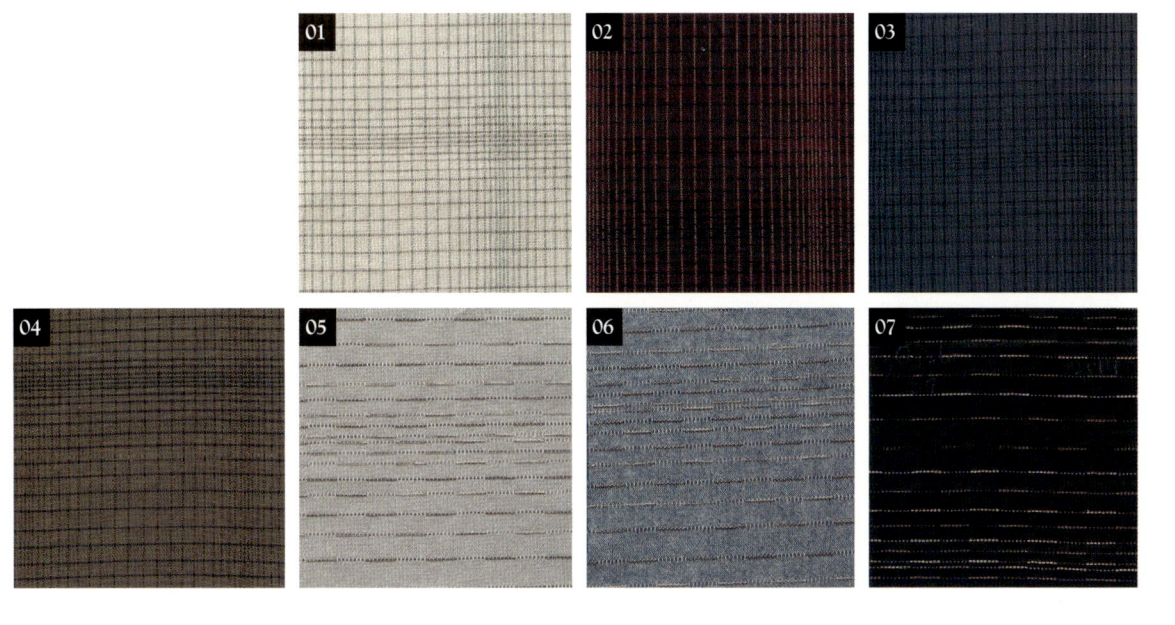

先染めのワッシャーも私のキルト作りに欠かせません。今回のプリントとコーディネートできる配色を集めました。変わり糸をところどころ入れることで見え方が変わり、両面使うことができる万能のチェックです。

051

キルト作りのための基礎レッスン

キルト作りに使用する道具です。すべてがなくてはいけないというわけではありませんが、あると便利なものをご紹介します。

パッチワークキルトに使う用具

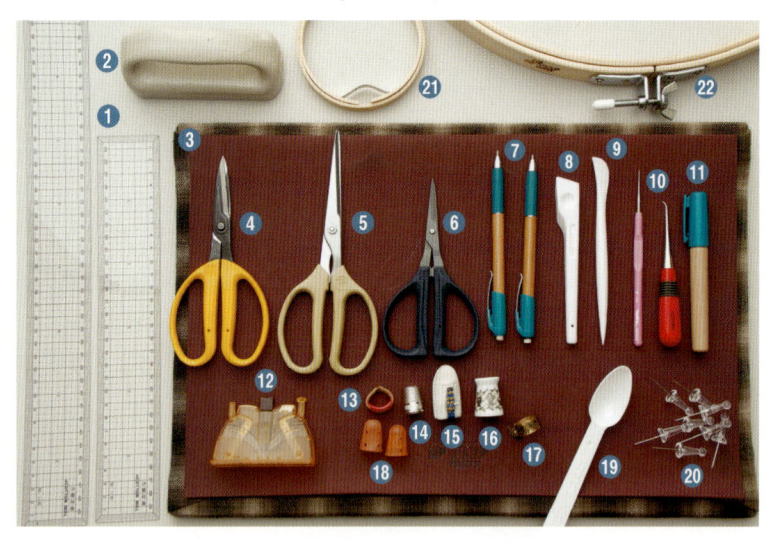

❶定規 製図や型紙作り、布に線を引く時に使います。方眼や平行線の入ったパッチワーク用のものが長短あると便利です。

❷文鎮 アップリケをする時やフープに入らない小さなサイズのキルティングをする時に、重しとして使います。持ち手つきの文鎮だと移動しやすいです。

❸パッチワークボード 片面にやすりとセーム革を貼り、反対側の面ではアイロンが掛けられるパッチワーク専用のボード。大きなサイズが使い勝手がいいです。

❹紙切り用はさみ 紙を切るためのはさみ。グリップが大きくて、刃が薄いものがおすすめです。

❺布切り用はさみ 布を切るためのはさみ。グリップが大きくて軽いものを選ぶと、手が疲れにくくておすすめです。

❻糸切り用はさみ 糸を切るためのはさみ。つかみやすくて離しやすい、グリップの大きなものがおすすめです。はさみは用途に合わせて使い分けると長持ちします。

❼印つけペン 布に印をつけるためのペン。白っぽい生地には黒色を、黒っぽい生地には白色と使い分けると便利です。

❽シームオープナー 縫い代を倒し、折り目をしっかりつけたり、開いたりするための道具。いちいちアイロンを掛けなくてもすみます。

❾アップリケヘラ アップリケの曲線部分の縫い代を倒すのに使います。小回りが利く小さなサイズが便利です。

❿目打ち ポーチやバッグなどの角を出したり、ミシンで縫う際、布がずれないように押さえるために使います。

⓫スティックのり まち針やしつけの代わりに仮止めをするのに使います。

⓬糸通し 針と糸をセットすると針に糸が通る便利な道具です。

⓭指ぬき ピースワークの際、針を押すのに使います。

⓮金属製シンブル キルティングの時に使用。金属製なので針を押したりする際にも指先を痛めません。

⓯革製シンブル すべり止めのために⓮の上に重ねたり、アップリケの時など指を保護するために使います。

⓰陶器製シンブル キルティングの際、針先を受けて押し上げるためのシンブルです。

⓱リングカッター 針を持たない手の親指に刃を上に向けてはめて、糸を切ります。糸を切る際、はさみを持たなくてもいいので便利です。

⓲ラバーシンブル 針をしっかりつかんで引き抜くために使います。

⓳スプーン しつけをかける際、針先を受けて使います。プラスチック製のものがしなって使いやすいです。

⓴プッシュピン しつけをかける際、板や畳の上に作品を置き固定するのに使います。

㉑刺しゅう枠 刺しゅうする布にはめて使う枠です。外側にねじがないのではめやすく便利です。

㉒キルティングフープ 大きな作品をキルティングする際に使います。

針（実物大）

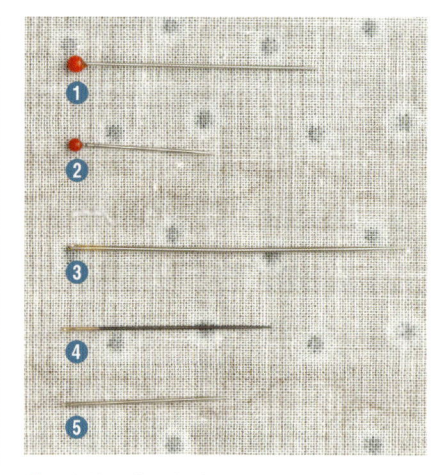

❶まち針 布を仮止めするための針です。ピースワークやさまざまな用途に使います。

❷まち針 アップリケには短いまち針が使いやすくて便利です。

❸しつけ針 しつけに使う長く太い針です。

❹アップリケ針 ピースワークとアップリケに使う細く先がとがった針です。

❺キルティング針 キルティングに使う短くしなやかな針です。

糸

❶しつけ糸
❷縫い糸（60番を使用）
❸キルティング糸

キルトで使うしつけ糸は、短い距離を縫うことが多いので、かせになっている洋裁用のものよりも巻いてあるタイプのものが便利です。ピースワーク、キルティングは縫う布の色に合わせて糸色を選ぶと仕上がりがきれいに見えます。

052

パッチワークキルトの用語集

シンブルのはめ方

キルティングをする際に指の保護のために、シンブルをはめるのをおすすめします。写真は私のシンブルのはめ方です。右利きの人は右手で縫う際、親指と人差し指で針を支え、中指で針を押しながら縫い進めていきますので、中指を保護するために金属製のシンブルをはめ、その上に革のシンブルをはめます。革のシンブルに穴が開いても、金属製のシンブルが指を保護してくれます。短いキルト針をしっかりと掴むために、人差し指にはラバー製のシンブルをはめます。

左手は針を受ける側の手。針を受けて押し返す人差し指には、陶器製のシンブルをはめます。陶器製のシンブルが滑らないように、中にはラバー製のシンブルをはめ、親指にはリングカッターをはめて準備完了です。シンブルの使い方は使いやすいように調節して下さい。

あ

合い印…2枚以上の布や型紙を合わせる際、ずれないようにつけておく印。カーブのあるパターンを縫う際などに必要です。
アップリケ…土台となる布の上に、切り抜いた布を置いてまつりつける手法のこと。
当て布…キルティングをする際に、表布を重ねたキルト綿の下に当てる布。裏布と同じ役目ですが、キルティング後に中袋や裏布をつけて仕立てるバッグなどは表から見えなくなるため、こう呼ばれています。
いせ込み…いせは平面の布を立体的に形づくるための技法。縫い代をぐし縫いして縫い縮めて形を作ります。（62ページ3参照）
裏布…キルトの裏側に使う布。
奥たてまつり…まつり方の技法の一つで針を縦に入れて針目が見えないように奥をまつること。
落としキルト…アップリケやピースの縫い目の際に入れるキルティングのこと。
表布…ピースワークやアップリケなどの技法で作られた、作品の表になる布。

か

返し縫い…一針進めて一目戻る縫い方。
風ぐるま…縫い止まりでピースワークした後で、重なった縫い代を風車のように一方方向に倒す方法。ヘクサゴン（六角形）をぐし縫いでつなぐ場合などに使います。
片倒し…ピースワークをした2枚の縫い代をどちらか片側に倒すこと。
きせをかける…縫い代を倒す際、縫い目より余分に折ること。（55ページ9参照）
キルティング…表布、キルト綿、裏布の三層を重ねてしつけをかけ、一緒に刺し縫いすること。
キルト綿…表布と裏布の間に入れる芯のこと。
ぐし縫い…運針（ランニングステッチ）とも呼ばれる基本的な縫い方。
口布…袋やポケットなどの口部分に使う布。
コの字とじ…返し口を閉じる際などに使う縫い方。生地に対して針を垂直にして縫い進めます。（97ページ参照）

さ

しつけ…本縫いの前にゆがみやズレが生じないように、仮に粗く縫い合わせておくこと。
接着キルト綿…アイロンで直接布に貼ることのできるキルト綿。片面接着、両面接着があります。
接着芯…不織布などで作られた、アイロンで直接布に貼ることができる芯。バッグの底やまちに使って形を安定させます。

た

裁ち切り…縫い代をつけずに表示された寸法通りに布を裁つこと。
タック…形を作るために布の一部をつまむこと。
タブ…ポーチやバッグなどにつける、つまみひものこと。
玉結び・玉止め…縫い始めは玉結び、縫い終わりは玉止めといい、糸端に結び玉を作り、糸を止める方法。
土台布…アップリケや刺しゅうなどをする場合に土台となる布のこと。

な

中表…2枚の布を縫い合わせる際に、表同士が内側になるように合わせること。
縫い切り…ピースを縫う際、縫い線の端から端までを縫う方法。
縫い代…布を縫い合わせる際に必要な布幅のこと。
縫い止まり…ピースを縫う際、縫い線の印から印までを縫う方法。（107ページ参照）

は

バインディング…縁の始末の方法で、周囲をバイアス布や横地の布でくるんで始末する方法。（107ページ参照）
パターン…キルトトップを構成する図案のこと。
ピース…「一片、一枚」の意味で、カットした布の最小単位のこと。
ピースワーク…ピース同士を縫い合わせること。
ボーダー…「へり、縁」の意味で、外まわりに額縁のように縫いつけた別布のこと。

ま

巻きかがり…布端をらせん状に巻くようにかがる縫い方のこと。
まち…バッグに厚みを持たせるように縫われた部分のこと。
見返し…布端の始末や補強のために用いられる布。

053

Lesson 8 コーヒーカップポーチ

p.018　実物大型紙は巻末A面

ファスナーのつけ方が特徴的なポーチを使って、
ピースワークからキルティングまでの基礎レッスンをします。
ファスナーのテープを1本に離して使います。

必要な材料

パッチワーク用布…先染めチェックやプリントなど適宜
アップリケ用布…10×30cm
底用布…8×8cm
持ち手用布…25×15cm
バイアス布…1.1×30cm
裏布（底を含む）…45×20cm
キルト綿（底を含む）…45×20cm
ファスナー端布…3×8cm
接着芯（底・持ち手）…20×10cm
30cm丈ファスナー1本

配置図

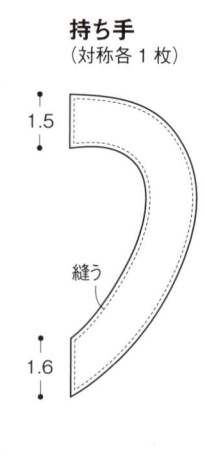

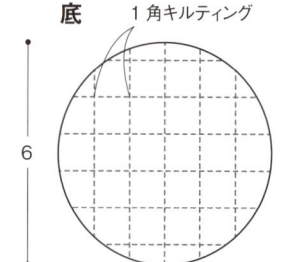

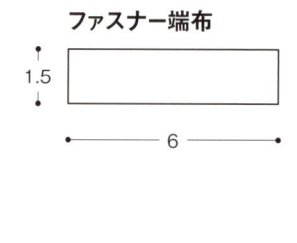

（本体）
- 0.8キルティング
- 0.5バイアス
- 落としキルト
- 柄に合わせてキルティング
- 持ち手つけ位置
- 13.3
- 25.6

持ち手（対称各1枚）
- 1.5
- 縫う
- 1.6

底　1角キルティング
- 6

ファスナー端布
- 1.5
- 6

表布を作りましょう

※写真ではわかりやすいように赤い糸を使っています。

1 布の裏側に型紙を当て、周囲に縫い代0.7cmをとって表布のピースを10枚カットします。

2 ピースを10枚カットしました。配色順に並べて左側から順番に縫っていきます。

3 ピース2枚を中表に合わせます。印と印を合わせて、ずれないように両端に2本、中央に1本、その間に1本ずつまち針を打ちます。

4 縫い始めは印より0.5cm外側から針を入れ、一針返し縫いをします。

5 でき上がり線の上をぐし縫いで縫い進めます。

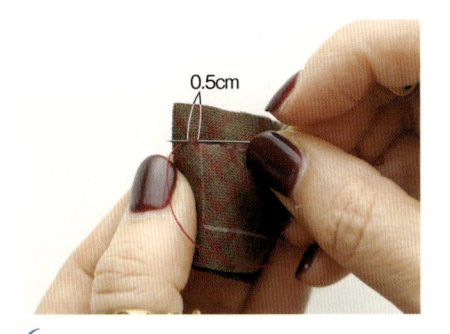

6 縫い終わりも印より0.5cm外側に針を出し、一針返し縫いをします。玉止めをして糸を切ります。

7 ピースが縫えました。

8 縫い代をきれいに切りそろえて整えます。

9 開いた時に縫い目が見えないよう、縫い目より約0.1cm内側を折ってきせをかけます。折る側はどちら側でも構いませんが、縫い代は一方向に倒します。

10
パッチワークボードの上にピースを開いて置きます。シームオープナーを使って縫い代をしっかりと倒します。

11
3～10の手順で、左側から順番に残りのピースを縫います。縫い代は一方方向に倒します。

表側　　　裏側

12
型紙を当て、表側にでき上がり線を描きます。

13
周囲に縫い代0.7cm(アップリケする側のみ縫い代0.3cm)をとってアップリケ布を用意します。12とアップリケ布のでき上がり線を合わせてまち針で止めます。

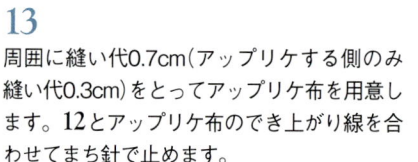

0.3cm
0.7cm
アップリケ布

> アップリケ用の短いまち針を使うと、縫う時に糸が引っかからずスムーズに縫えます。

14
アップリケ布の印位置で縫い代を折ります。

15
針先で縫い代を内側に折り込みながらまつっていきます。

16
カーブの谷の部分には3か所、でき上がり線から0.1cm手前まで切り込みを入れます。

でき上がり線
0.1cm残す

17
切り込みを入れた箇所を針先で折り込みながらまつります。

18
アップリケ布が縫えました。

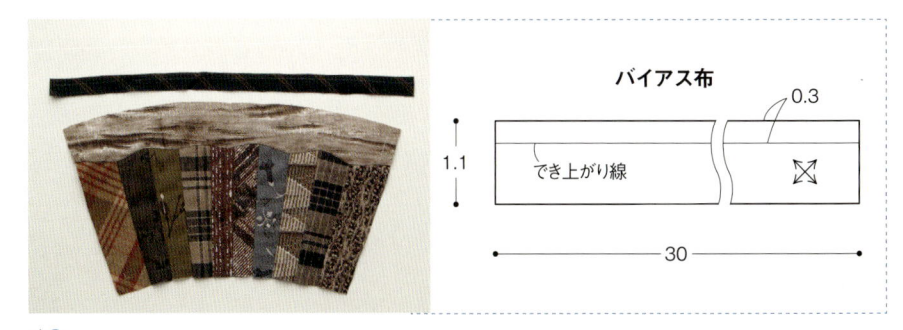

19
でき上がり幅0.5cmに上下縫い代0.3cmをつけた幅1.1cmのバイアス布を30cm用意します。でき上がり線は片側にだけ描きます。

20
バイアス布をアップリケの際にそって縫います。際の上は縫いにくいので、0.1cm下を目安に中表にバイアス布のでき上がり線を合わせます。

21
端から針を入れ一針返し縫いをして、ぐし縫いします。

22
16で切り込みを入れた谷の部分は、ほつれてくるのを防ぐため返し縫いをします。

23
バイアス布の片側が縫えました。

24
針先で縫い代を内側に折り込み、バイアス布をでき上がり幅0.5cmに作りながらまつり止めます。

25
バイアス布が縫えました。表布が完成です。

しつけをかけましょう

1
左右に縫い代2cm、上下に縫い代0.7cmをとった裏布、キルト綿を用意します。左右の縫い代は後でくるむため、多めにとります。キルト綿、裏布（表）、表布（裏）の順に重ねます。

2
上下のでき上がり線を印から印まで縫います。

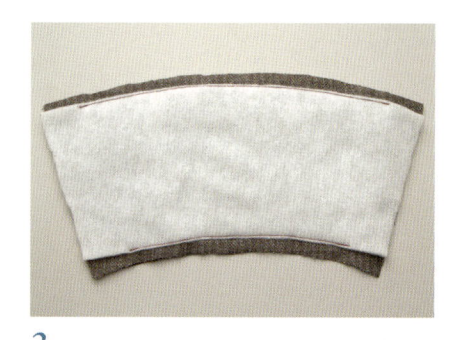

3
上下のキルト綿を縫い線の際でカットします。

4
下のカーブに4か所、裏布に浅めに切り込みを入れます。

5
表に返してアイロンを当て、形を整えます。

6
5を板の上に置き、プッシュピンで周囲を固定します。手で持ち上げてしつけをかけると、しわが入るので、作品より大きな板や畳を利用して固定します。

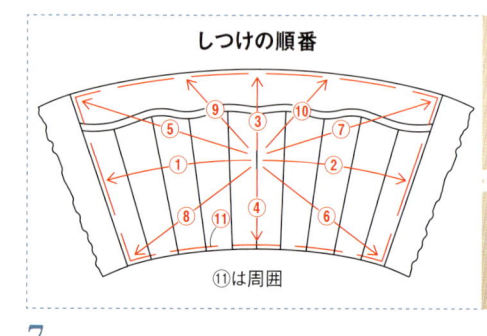

7
イラストの番号順に、中心から放射状にしつけをかけます。しつけをかける際、スプーンで針を受けると手が痛くなりません。

しつけの順番　⑪は周囲

8
しつけができました。

キルティングをしましょう

キルティングをする姿勢
フープに入らない小さなものは、文鎮で固定してキルティングを入れていきます。文鎮は机の上では滑ってしまうので、必ずパッチワークボードの滑らない面に置きましょう。テーブルの端を使って、半分だけテーブルからはみ出したような格好にします。なるべく本体を平らにしながらキルティングをしていきます。

1
キルトラインは引かずに、柄に合わせて自由にキルティングを入れていきます。まず、糸端に玉結びをして、刺し始めの位置より離れた位置から針を入れて、刺し始めの一針先に出します。

2
一針先に出した針を、刺し始めの位置に入れ、一針先に出します。この時、裏布に針目を出さないようにします。

3
もう一度縫い始めの位置に針を入れ、裏布をすくってキルティングを入れていきます。右手で針を入れ、左手の人差し指で針を受けて押し上げながら縫います。

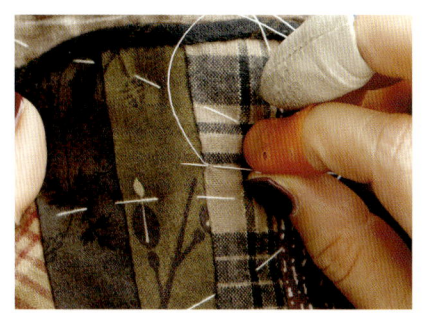

4
3～4針縫ったら針を出して糸を引き抜きます。刺し終わりの位置まで縫ったら、一針先に針を出します。この時裏布をすくわずに一針返し縫いをします。

5
針を遠くに出して糸玉をキルト綿の中にくぐらせてから糸を切ります。

6
配置図を参照してすべてのキルティングを入れます。キルティングができました。

ファスナーをつけましょう

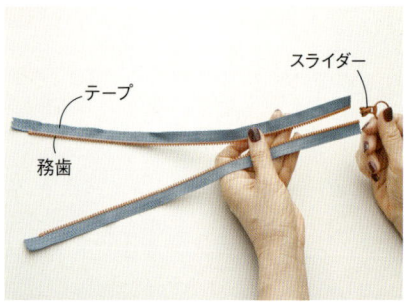

1
ファスナーの下止めをはさみでカットします。スライダーを外してテープを2本に離します。今回は離したテープのうち、1本のみを使います。

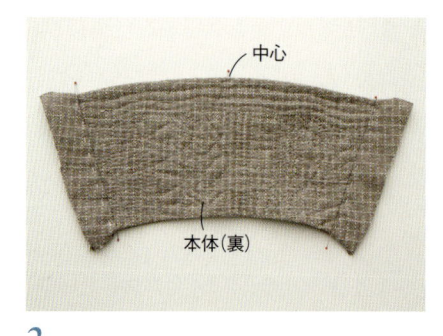

2
本体を裏返して、袋口の中心と両端のでき上がり位置にまち針で印をつけます。

3
ファスナーを半分に折り、中心を決めます。ファスナーの中心と袋口の中心を合わせて、袋口から0.5cm下にファスナーの務歯を合わせてまち針を垂直に打ちます。

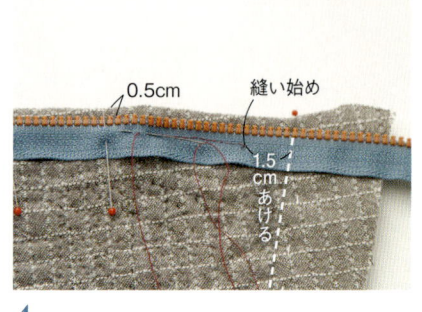

4
ファスナーを袋口に返し縫いで縫います。縫い始めは印より1.5cmあけます。1.5cmあけるのは、後で両脇を縫うためです。

5
テープの上の織り目を目印にして、縫い線を引かずに返し縫いで縫います。本体の表側に縫い目が出ないように気をつけて縫います。

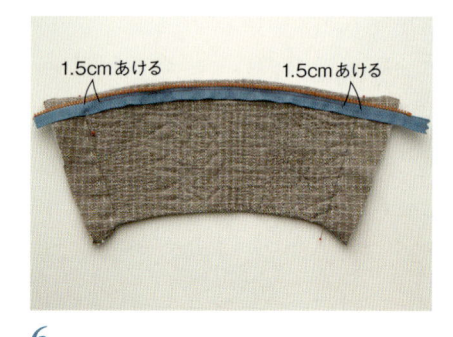

6
縫い終わりも印より1.5cm手前で縫い止めます。

7
テープの端を裏布だけをすくうようにしてまつります。

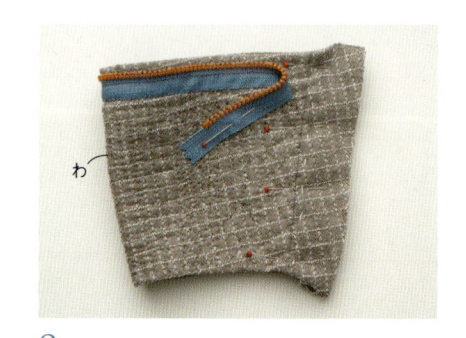

8
本体を中表に二つ折りにし、でき上がり線を合わせて、まち針で止めます。ファスナーはよけておきます。

9
ミシンの針目を0.2に合わせて、でき上がり線を縫い切ります。手縫いの方は返し縫いをして下さい。

10
どちらかの裏布を一枚よけて、残りの縫い代はすべて0.7cmに切りそろえます。

11
目打ちを使ってカットした裏布とキルト綿を残しておいた裏布でくるみ、まち針で止めます。

12
たてまつりでまつります。

13
端の始末ができました。

14
左右のファスナーの端をそろえて上止めをカットします。ファスナーの端をそろえることでスライダーがスムーズに通ります。

15
ファスナーにスライダーを通します。引き手は本体を表に返した時、表側にくるように向きを気をつけます。

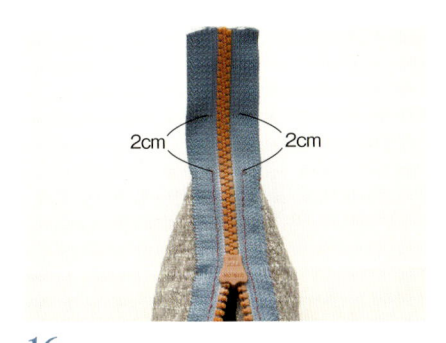

16
ファスナーの縫い止まりから2cm上に印を描きます。

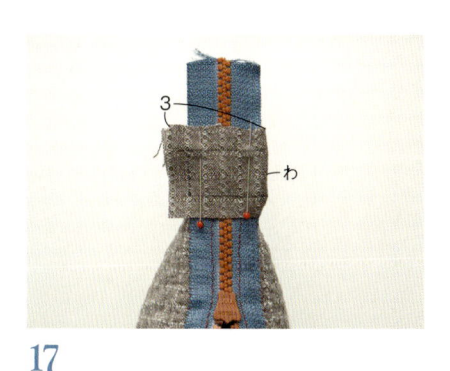

17
1.5×6cmの周囲に縫い代0.7cmをつけたファスナー端布を用意します。端布を中表に二つ折りにし、わ側にファスナーの右端を合わせてファスナーをはさみます。ファスナーの印と端布の縫い線を合わせてまち針で止めます。

18
端布をミシンで縫います。縫い線から1.5cm上のファスナーをカットします。

19
端布を表に返し、ファスナーをくるむように縫い代を折り込みます。

20
端布の周囲をミシンで縫います。

底と持ち手をつけましょう

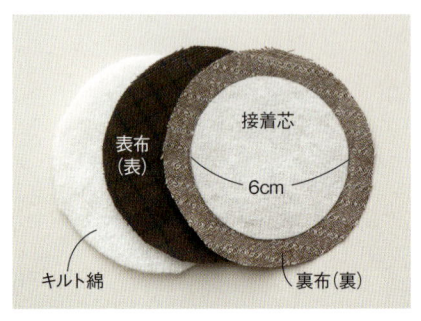

1
直径6cmの接着芯と、直径6cmの円の周囲に縫い代0.7cmをとった表布、裏布、キルト綿を用意します。裏布の裏側に接着芯を貼り、キルト綿、表布(表)、裏布(裏)の順に重ねます。

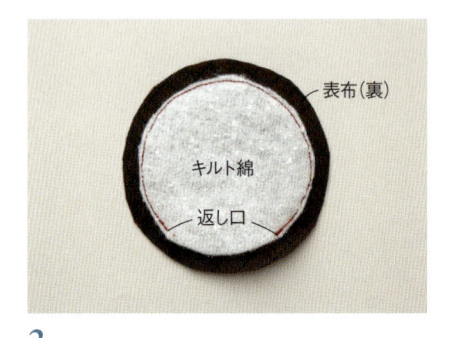

2
返し口を約5cm残して接着芯の周囲を縫います。キルト綿を縫い線の際でカットします。

3
表布の周囲をぐし縫いしてギャザーを寄せ、いせ込みします。

4
返し口から表に返し、返し口をまつって閉じます。

5
1cm角の格子にミシンキルトを入れます。底ができました。

6
底と本体を外表に合わせ、まち針で止めます。表の生地だけをすくうようにして、コの字とじで縫います。丈夫に仕上げるため、細かい針目で縫っていきます。

7
底が縫えました。

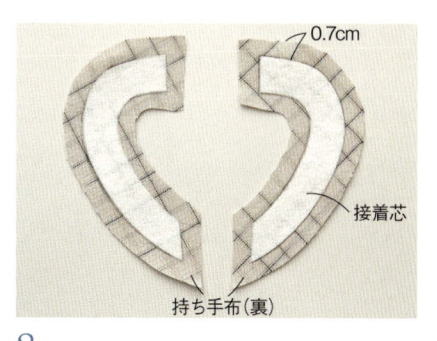

8
周囲に縫い代0.7cmをとり、持ち手布を左右対称で各1枚用意します。裁ち切りで用意した接着芯を持ち手布の裏側に貼ります。

9
カーブの急な内側に切り込みを入れ、切り込みを入れた側の接着芯にステックのりを塗ります。

10
縫い代を倒し、のりに接着させます。カーブがきれいに出ました。

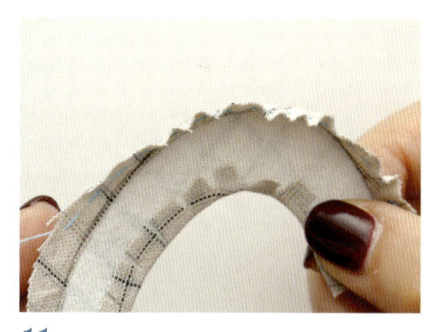

11
外側の縫い代はぐし縫いをして、いせ込みします。

12
布端のはみ出した部分をカットして、縫い代の重なりを少なくします。角がきれいに出るようにたたみます。

13
持ち手が1枚できました。同様にもう1枚作ります。

14
持ち手2枚を外表に合わせ、周囲をミシンで縫います。手縫いの方はコの字とじで縫います。

15
持ち手つけ位置に持ち手を合わせ、両側をまつり止めたら完成です。

LECIEN

CENTENARY COLLECTION
20th Anniversary
BY YOKO SAITO & LECIEN

株式会社ルシアン
http://www.lecien.co.jp/

【問合せ先】お客様センター 0120-817-125（通話料無料）
平日 9:00～17:30（土・日・祝は除く）

作品の作り方
HOW TO MAKE

- 図の中の寸法の単位はすべてcmです。
- 作り方図や型紙には縫い代が含まれていません。裁ち切り（＝縫い代込みまたは必要なし）の指定がない場合、すべてピースワークは周囲に縫い代0.7cm、アップリケは0.3cmをつけて布を裁ちます。
- 作品のでき上がり寸法は製図上のサイズで表示しています。縫い方やキルティングによって寸法が変わる場合があります。
- キルティング後はでき上がりサイズよりも多くの場合、多少の縮みがあります。キルティングが終わったら再度寸法を確認して次の作業にかかるとよいでしょう。
- バッグの仕立てや一部のキルティングにはミシンを使っていますが、手縫いで作ることもできます。

1 花のワンショルダー …… p.006 実物大型紙 巻末A面

[材料]
土台布…グレーチェック(持ち手・まちを含む)110×40cm、アップリケ用布…グレー系むら染め(口布・持ち手内側を含む)80×20cm・スクラップ布を使用、裏布110×60cm、キルト綿110×40cm、縫い代始末用バイアス布2.5×160cm、接着芯110×35cm、薄地接着芯45×10cm、30cm丈ファスナー1本、25番刺しゅう糸各色・ビーズ・細丸コード各適宜

[作り方]
1 土台布にアップリケ、刺しゅうをして前・後側表布を作り、キルト綿を重ねた裏布と中表に合わせて袋口を縫う。表に返してキルティングをする。ダーツを縫う。
2 持ち手・まちを作る。
3 前・後側と持ち手・まちを合わせて縫い、縫い代を始末して本体を作る。
4 ファスナーをつけた口布を作る。
5 持ち手内側と口布を中表に合わせて輪に縫い、本体に合わせてまつる。
6 ファスナーの引き手にビーズをつける。

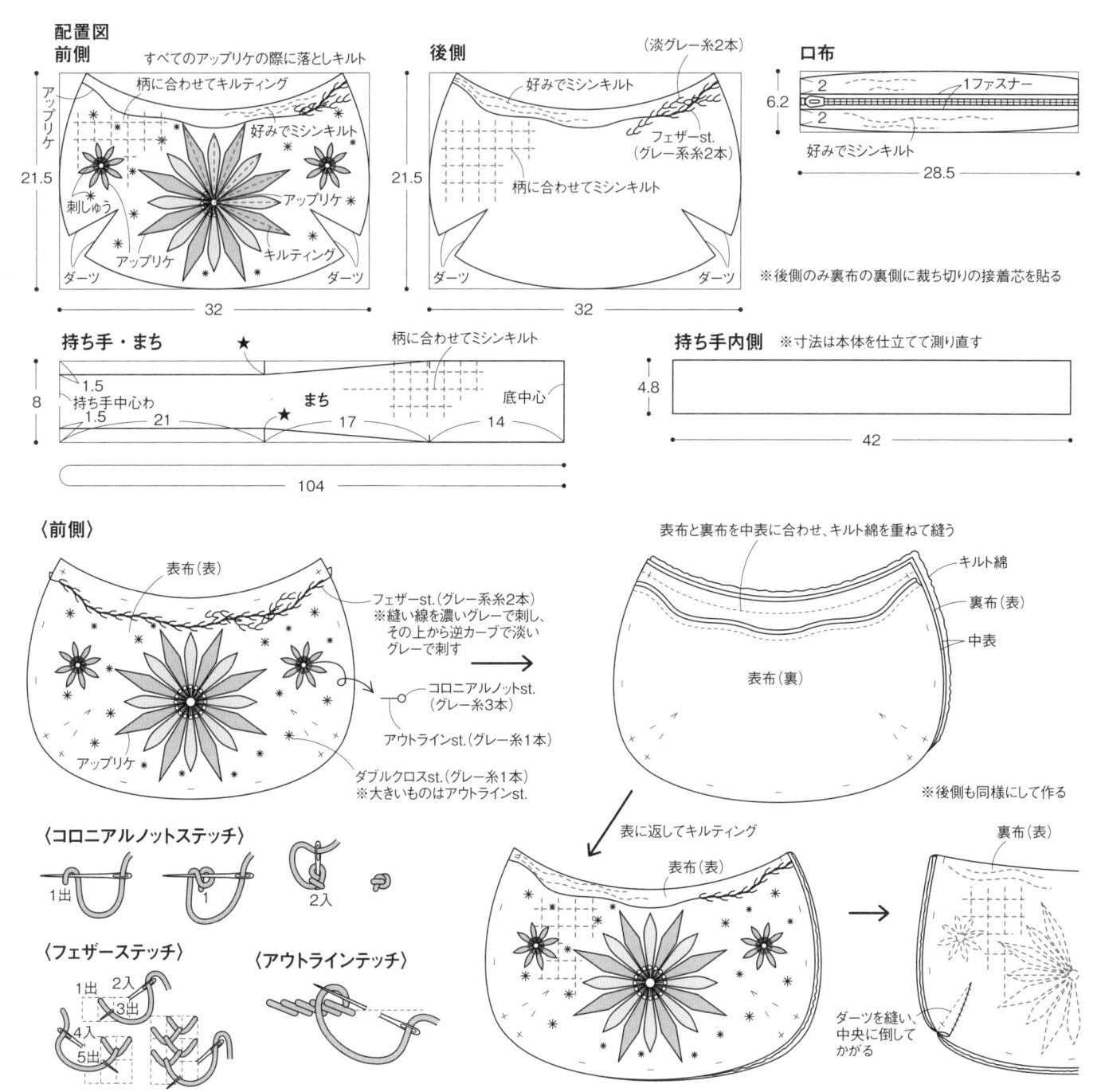

配置図
前側 / 後側 / 口布

※後側のみ裏布の裏側に裁ち切りの接着芯を貼る

持ち手・まち / 持ち手内側 ※寸法は本体を仕立てて測り直す

〈前側〉
〈コロニアルノットステッチ〉
〈フェザーステッチ〉
〈アウトラインステッチ〉

※後側も同様にして作る
ダーツを縫い、中央に倒してかがる

〈持ち手・まち〉

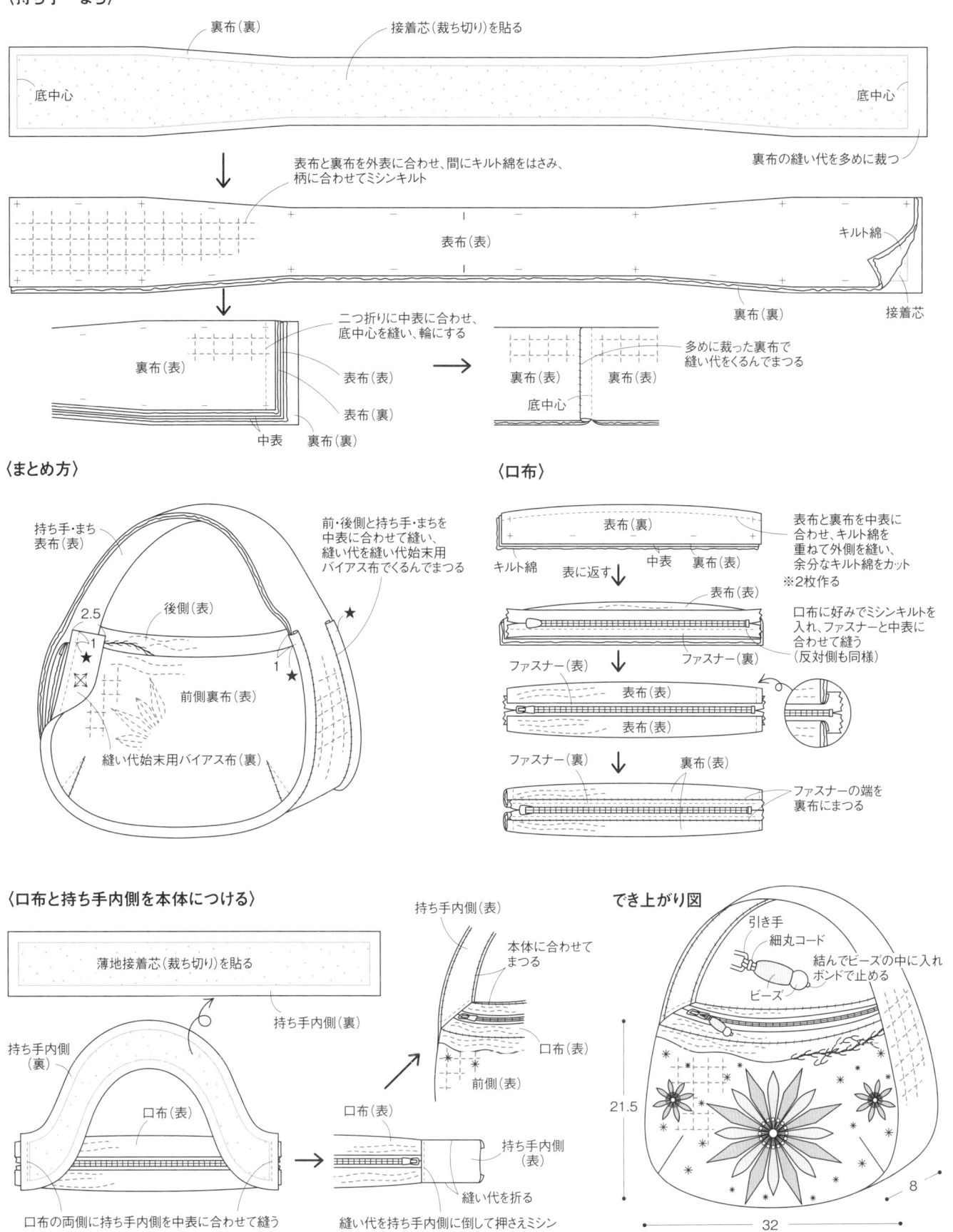

- 裏布(裏)
- 接着芯(裁ち切り)を貼る
- 底中心
- 底中心

↓

- 表布と裏布を外表に合わせ、間にキルト綿をはさみ、柄に合わせてミシンキルト
- 裏布の縫い代を多めに裁つ
- 表布(表)
- キルト綿
- 裏布(裏)
- 接着芯

↓

- 二つ折りに中表に合わせ、底中心を縫い、輪にする
- 裏布(表)
- 表布(表)
- 表布(裏)
- 中表
- 裏布(裏)

→

- 多めに裁った裏布で縫い代をくるんでまつる
- 裏布(表)
- 裏布(表)
- 底中心

〈まとめ方〉

- 持ち手・まち表布(表)
- 後側(表)
- 2.5
- 1
- 1
- 前・後側と持ち手・まちを中表に合わせて縫い、縫い代を縫い代始末用バイアス布でくるんでまつる
- 前側裏布(表)
- 縫い代始末用バイアス布(裏)

〈口布〉

- 表布(裏)
- 中表
- 裏布(表)
- キルト綿
- 表布と裏布を中表に合わせ、キルト綿を重ねて外側を縫い、余分なキルト綿をカット ※2枚作る

表に返す

- 表布(表)
- ファスナー(表)
- ファスナー(裏)
- 口布に好みでミシンキルトを入れ、ファスナーと中表に合わせて縫う(反対側も同様)

↓

- 表布(表)
- 表布(表)

↓

- ファスナー(裏)
- 裏布(表)
- ファスナーの端を裏布にまつる

〈口布と持ち手内側を本体につける〉

- 薄地接着芯(裁ち切り)を貼る
- 持ち手内側(裏)
- 持ち手内側(表)
- 本体に合わせてまつる
- 持ち手内側(裏)
- 口布(表)
- 前側(表)
- 口布(表)
- 持ち手内側(表)
- 縫い代を折る
- 口布の両側に持ち手内側を中表に合わせて縫う
- 縫い代を持ち手内側に倒して押さえミシン

でき上がり図

- 引き手
- 細丸コード
- 結んでビーズの中に入れボンドで止める
- ビーズ
- 21.5
- 8
- 32

2 赤い星のバッグ　p.008　実物大型紙　巻末A面

[材料]
パッチワーク・アップリケ用布…ブルーグレー先染めストライプ(持ち手・ポケット裏布・くるみ布を含む)110×60cm・スクラップ布を使用、ポケット・タブ・くるみ布…茶色先染めチェック40×20cm、裏布・キルト綿各110×60cm、バインディング(バイアス)…紺先染めチェック3.5×180cm、縫い代始末用バイアス布2.5×100cm、縫い代始末用2.5×6cm、直径2.5cmボタン3個、直径2.3cmマグネットボタン一組、厚地接着芯7×55cm、接着芯40×40cm、25番刺しゅう糸赤・ブルー・薄地接着芯各適宜

[作り方]
1. パッチワーク、アップリケ、刺しゅうをして前側表布を作る。
2. 前・後側表布それぞれにキルト綿と裏布を重ねてキルティングをする。
3. 前・後側のダーツをそれぞれ縫い、中表に合わせて袋口を残して周囲を縫い、縫い代を縫い代始末用バイアス布で始末する。
4. 3の袋口をバインディングする。
5. ポケットを2枚作り、4の両脇に縫いつける。
6. 持ち手を作り、5の両脇に縫い止める。
7. タブを作り、前側に縫い止め、後側にマグネットボタンをつける。

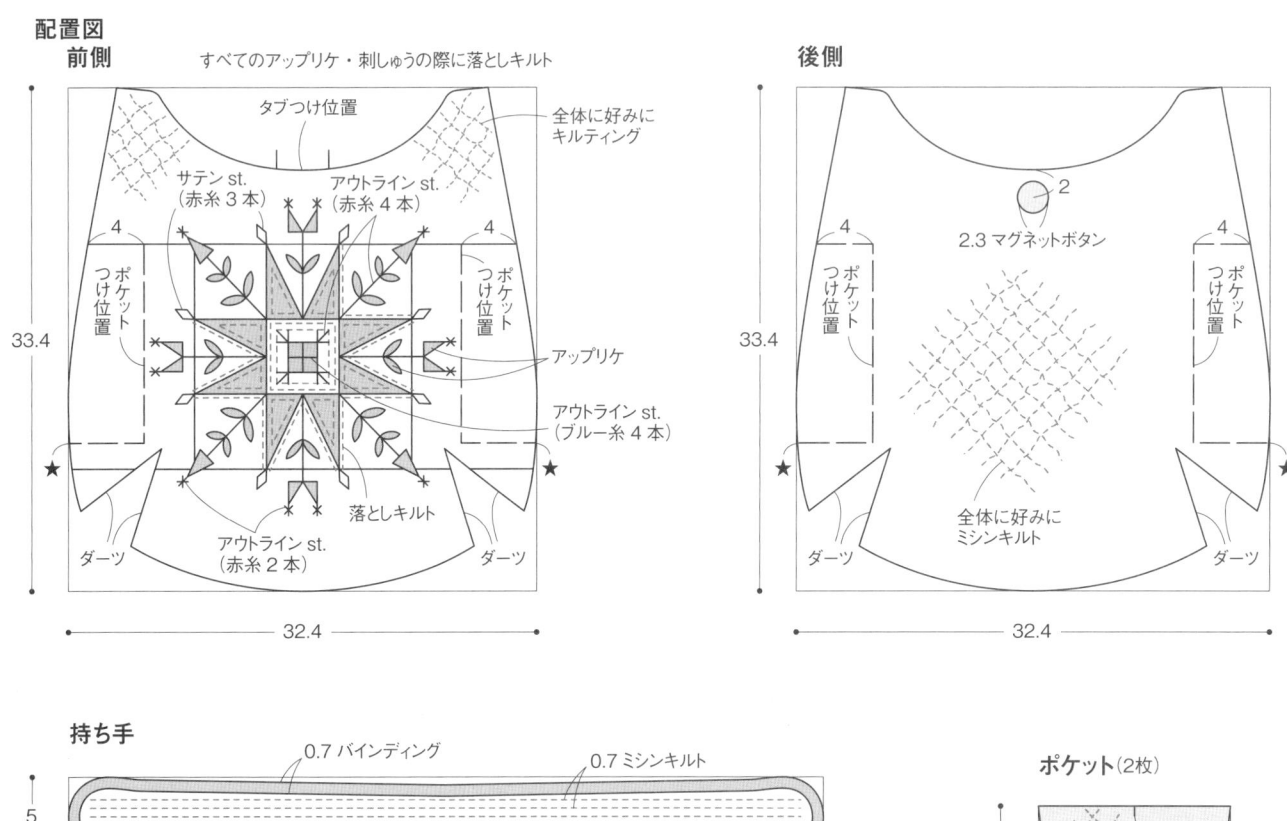

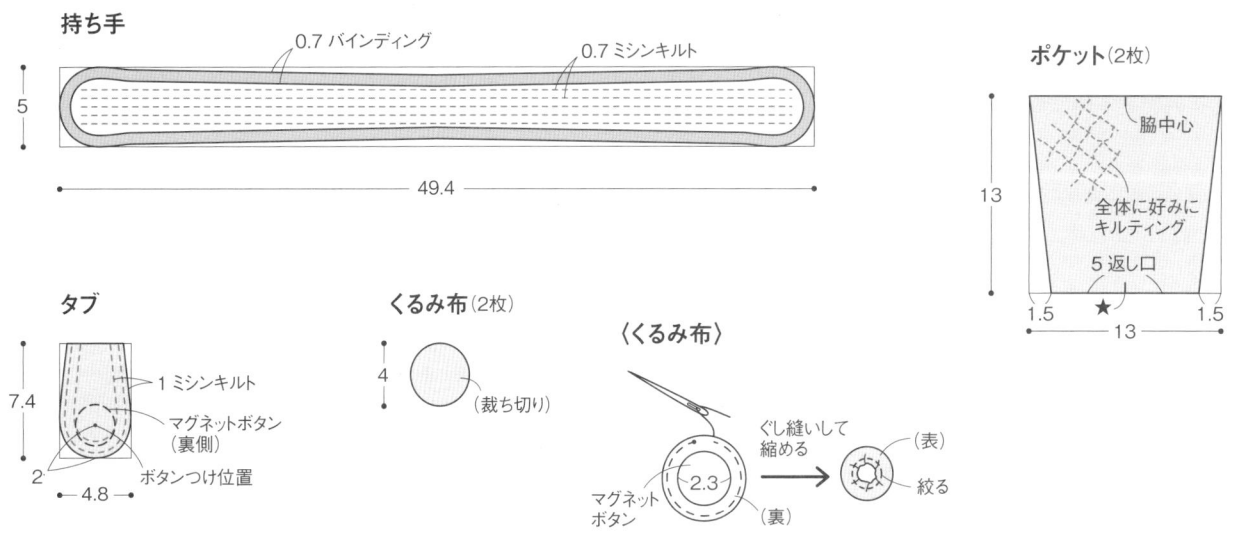

配置図

前側 すべてのアップリケ・刺しゅうの際に落としキルト
- タブつけ位置
- 全体に好みにキルティング
- サテン st.(赤糸 3本)
- アウトライン st.(赤糸 4本)
- 4
- ポケットつけ位置
- アップリケ
- アウトライン st.(ブルー糸 4本)
- 落としキルト
- アウトライン st.(赤糸 2本)
- ダーツ
- 33.4
- 32.4

後側
- 2.3 マグネットボタン
- 4
- ポケットつけ位置
- 全体に好みにミシンキルト
- ダーツ
- 33.4
- 32.4

持ち手
- 0.7 バインディング
- 0.7 ミシンキルト
- 5
- 49.4

タブ
- 1 ミシンキルト
- マグネットボタン(裏側)
- ボタンつけ位置
- 7.4
- 2
- 4.8

くるみ布(2枚)
- 4
- (裁ち切り)

〈くるみ布〉
- ぐし縫いして縮める
- マグネットボタン
- 2.3
- (裏)
- (表)
- 絞る

ポケット(2枚)
- 脇中心
- 全体に好みにキルティング
- 5 返し口
- 13
- 1.5　1.5
- 13

〈後側〉

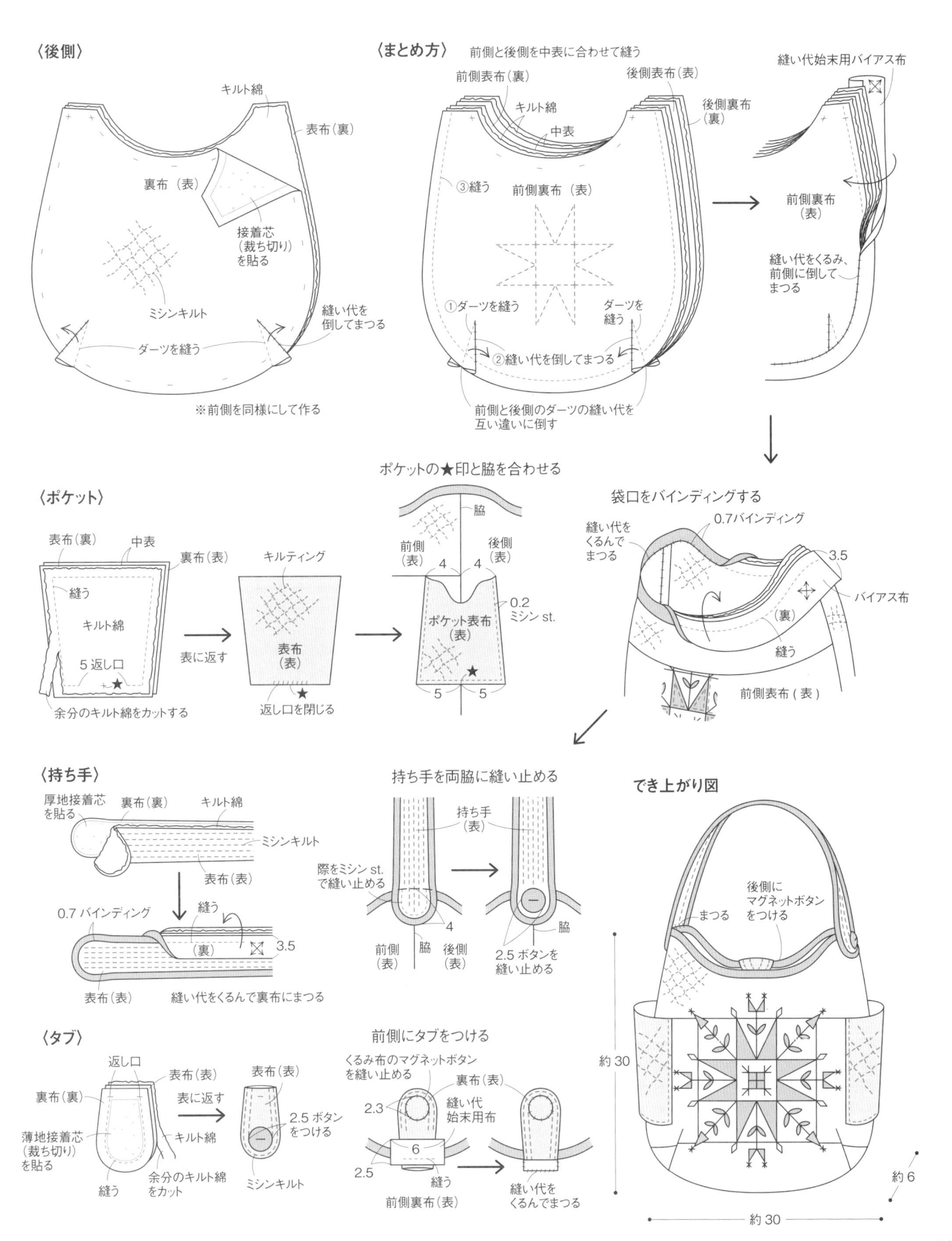

キルト綿
表布（裏）
裏布（表）
接着芯（裁ち切り）を貼る
ミシンキルト
ダーツを縫う
縫い代を倒してまつる

※前側を同様にして作る

〈まとめ方〉

前側と後側を中表に合わせて縫う
前側表布（裏）
キルト綿
後側表布（表）
中表
後側裏布（裏）
縫い代始末用バイアス布
③縫う
前側裏布（表）
①ダーツを縫う
②縫い代を倒してまつる
ダーツを縫う
前側と後側のダーツの縫い代を互い違いに倒す

縫い代をくるみ、前側に倒してまつる

袋口をバインディングする
0.7バインディング
縫い代をくるんでまつる
3.5
バイアス布
（裏）
縫う
前側表布（表）

〈ポケット〉

表布（裏）　中表
裏布（表）
縫う
キルト綿
5 返し口
余分のキルト綿をカットする

キルティング
表に返す
表布（表）
★
返し口を閉じる

ポケットの★印と脇を合わせる
脇
前側（表）　後側（表）
4　4
ポケット表布（表）
0.2 ミシン st.
★
5　5

〈持ち手〉

厚地接着芯を貼る
裏布（裏）
キルト綿
ミシンキルト
表布（表）
0.7 バインディング
縫う
（裏）
3.5
表布（表）
縫い代をくるんで裏布にまつる

持ち手を両脇に縫い止める
持ち手（表）
際をミシン st.で縫い止める
4
前側（表）　脇　後側（表）
2.5 ボタンを縫い止める

でき上がり図
まつる
後側にマグネットボタンをつける
約30
約6
約30

〈タブ〉

返し口
表布（表）
裏布（裏）
表に返す
キルト綿
薄地接着芯（裁ち切り）を貼る
縫う
余分のキルト綿をカット
表布（表）
ミシンキルト
2.5 ボタンをつける

前側にタブをつける
くるみ布のマグネットボタンを縫い止める
裏布（表）
2.3
縫い代始末用布
6
2.5
縫う
前側裏布（表）
縫い代をくるんでまつる

069

3 青い星のバッグ p.010 実物大型紙 巻末A面

[材料]
前側…グレーネル（上・下まちを含む）110×35cm、後側…グレー先染めチェック（ポケットを含む）60×35cm、アップリケ用布…スクラップ布を使用（タブ・ファスナー飾り布を含む）、裏布・キルト綿各110×55cm、バインディング（バイアス）…ブルーチェック3.5×25cm、縫い代始末用バイアス布2.5×210cm、接着芯100×40cm、30cm丈ファスナー1本、持ち手一組、直径2cmビーズ1個、直径0.3cm丸コード10cm、5・25番刺しゅう糸各色・テグス各適宜

[作り方]
1 前・後側表布にそれぞれキルト綿と裏布を重ねてキルティングをする。
2 ポケット布にアップリケ、刺しゅうをして表布を作る。キルト綿と裏布を重ねてキルティングをし、袋口をバインティングする。
3 前側にポケットを重ねて仮止めする。
4 まちを作る。上まちにファスナーをつけて下まちと縫い合わせ、輪にする。
5 前・後側と上・下まちを中表に縫い合わせ、縫い代を縫い代始末用バイアス布で始末する。
6 持ち手、ファスナー飾りをつける。

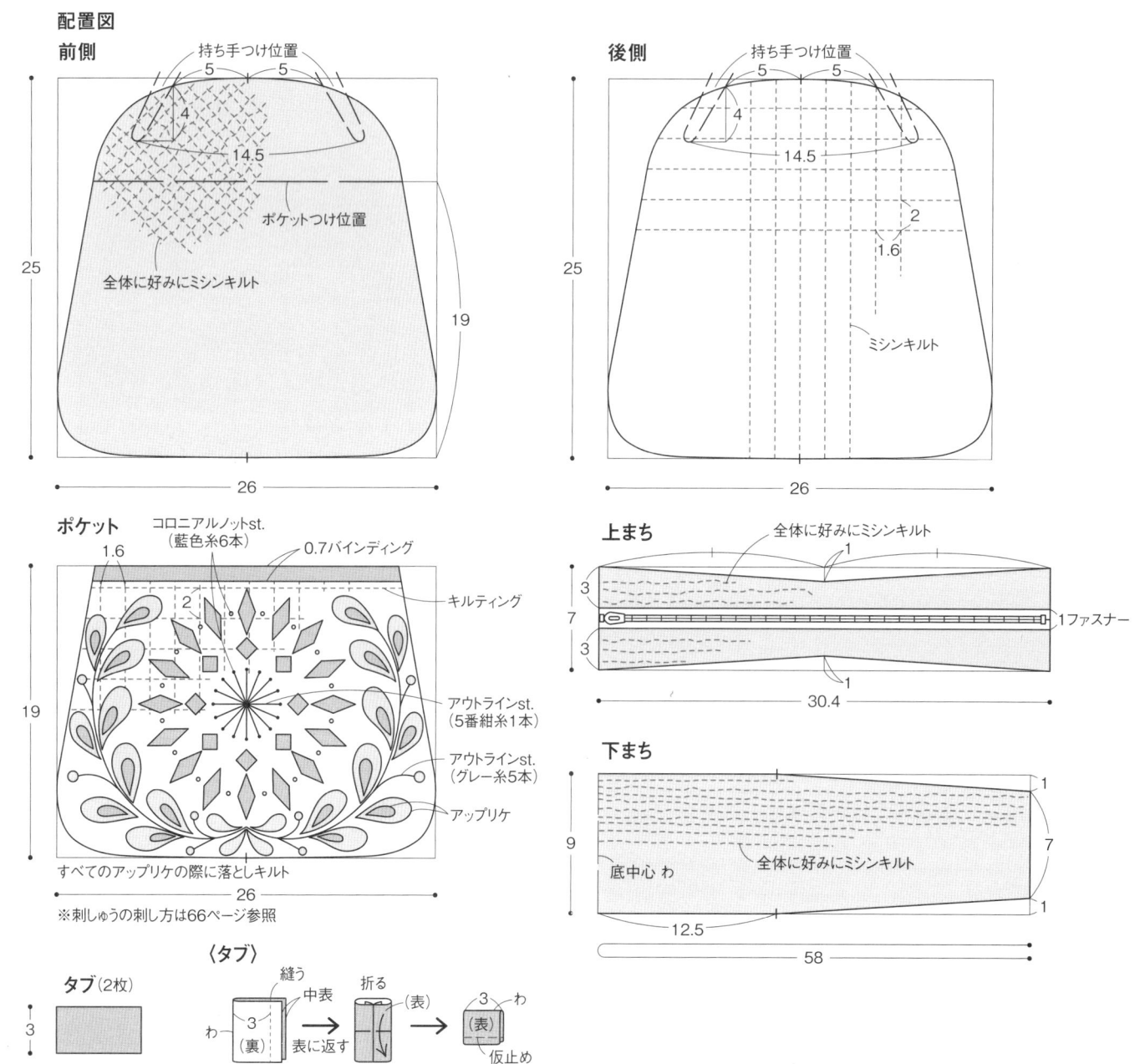

配置図
前側
後側
ポケット
上まち
下まち
〈タブ〉
タブ（2枚）

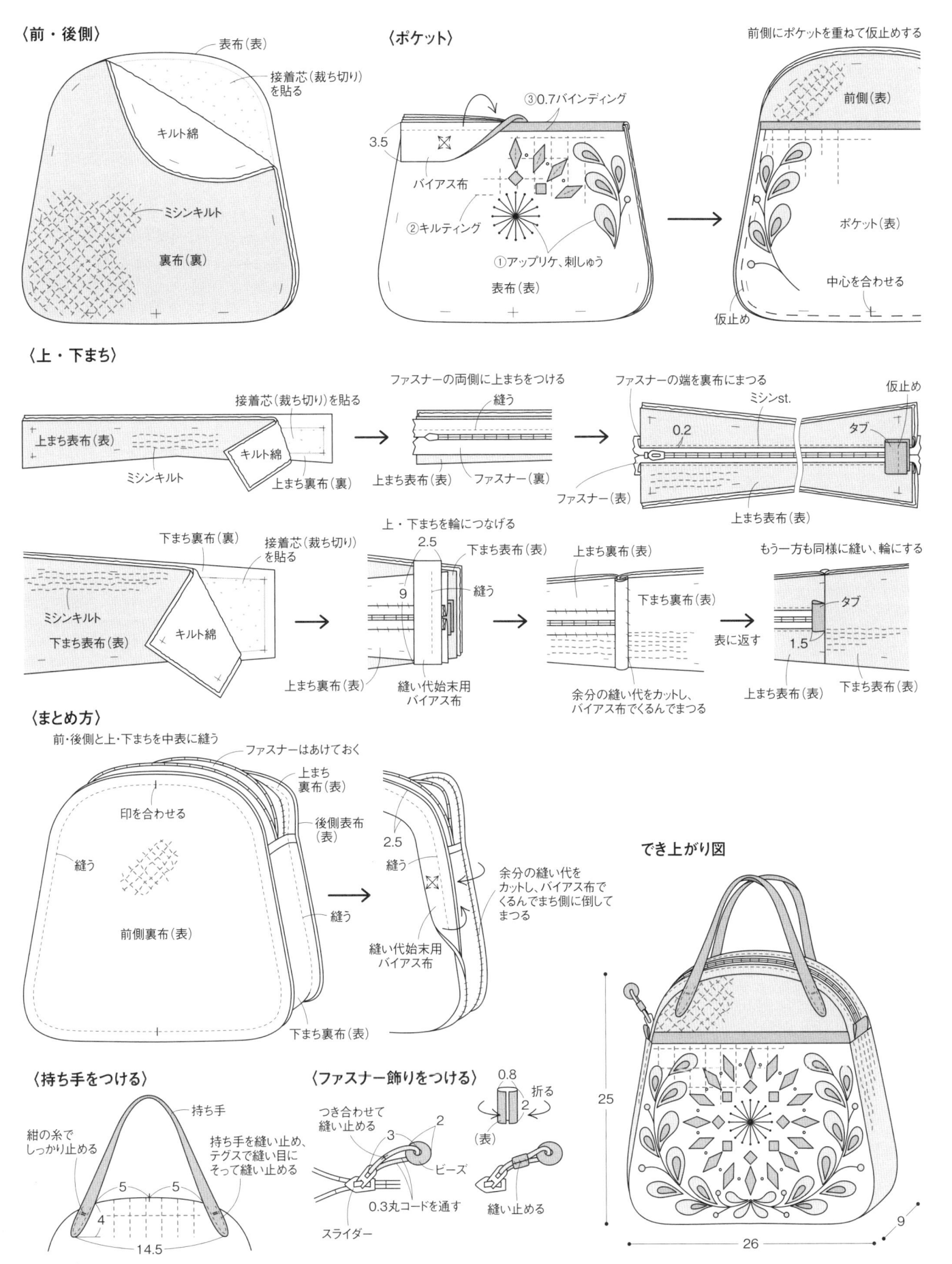

〈前・後側〉
- 表布(表)
- 接着芯(裁ち切り)を貼る
- キルト綿
- ミシンキルト
- 裏布(裏)

〈ポケット〉
- ③0.7バインディング
- 3.5
- バイアス布
- ②キルティング
- ①アップリケ、刺しゅう
- 表布(表)

前側にポケットを重ねて仮止めする
- 前側(表)
- ポケット(表)
- 中心を合わせる
- 仮止め

〈上・下まち〉
- 上まち表布(表)
- 接着芯(裁ち切り)を貼る
- キルト綿
- ミシンキルト
- 上まち裏布(裏)

ファスナーの両側に上まちをつける
- 縫う
- 上まち表布(表)
- ファスナー(裏)

ファスナーの端を裏布にまつる
- ミシンst.
- 仮止め
- 0.2
- タブ
- ファスナー(表)
- 上まち表布(表)

- 下まち裏布(裏)
- 接着芯(裁ち切り)を貼る
- キルト綿
- ミシンキルト
- 下まち表布(表)
- 上まち裏布(表)

上・下まちを輪につなげる
- 2.5
- 9
- 下まち表布(表)
- 縫う
- 縫い代始末用バイアス布

- 上まち裏布(表)
- 下まち裏布(表)
- 余分の縫い代をカットし、バイアス布でくるんでまつる

もう一方も同様に縫い、輪にする
- 表に返す
- タブ
- 1.5
- 上まち表布(表)
- 下まち表布(表)

〈まとめ方〉
前・後側と上・下まちを中表に縫う
- ファスナーはあけておく
- 上まち裏布(表)
- 後側表布(表)
- 印を合わせる
- 縫う
- 前側裏布(表)
- 下まち裏布(表)

- 2.5
- 縫う
- 縫う
- 余分の縫い代をカットし、バイアス布でくるんでまち側に倒してまつる
- 縫い代始末用バイアス布

〈持ち手をつける〉
- 持ち手
- 紺の糸でしっかり止める
- 持ち手を縫い止め、テグスで縫い目にそって縫い止める
- 5　5
- 4
- 14.5

〈ファスナー飾りをつける〉
- 0.8
- 折る
- 2
- つき合わせて縫い止める
- 2
- 3
- ビーズ
- 0.3丸コードを通す
- スライダー
- (表)
- 縫い止める

でき上がり図
- 25
- 26
- 9

071

4 小鳥のショルダーバッグ　p.012　実物大型紙 巻末A面

[材料]
前側B・後側…グレー先染めストライプ（上・下まち・ポケット・フラップを含む）110×60cm、アップリケ用布…スクラップ布を使用（前側A・ショルダー・タブを含む）、裏布（仕切りを含む）110×60cm、キルト綿90×60cm、バインディング（バイアス）…グレー先染めチェック3.5×25cm、縫い代始末用布バイアス布2.5×200cm、19cm・30cm丈ファスナー各1本、幅4cmアクリルテープ150cm、幅0.5cmテープ15cm、直径0.15cm丸コード20cm、ビーズ1個、幅4cmベルト送り・角カン各1個、マグネットボタン2組、接着芯40×10cm、薄地接着芯30×30cm、厚地接着芯60×10cm、両面接着シート30×30cm、25番刺しゅう糸各色適宜

[作り方]
1 ポケットとフラップC・D表布にアップリケと刺しゅうをする。
2 図を参照して各パーツの表布にキルト綿と裏布を重ねてキルティングをする。
3 ファスナーをつけた前側A・Bにポケットをつけ、裏側に仕切りを外表に重ねて周囲を仮止めする。
4 ファスナーをつけた上まちにタブとショルダーを仮止めし、下まちを中表に縫い合わせ輪にする。
5 前側、後側、上・下まちをそれぞれ中表に合わせて縫い、縫い代を縫い代始末用バイアス布でくるんで始末する。
6 フラップを作り、5にまつりつけ、共布でくるんだマグネットボタンを縫い止める。

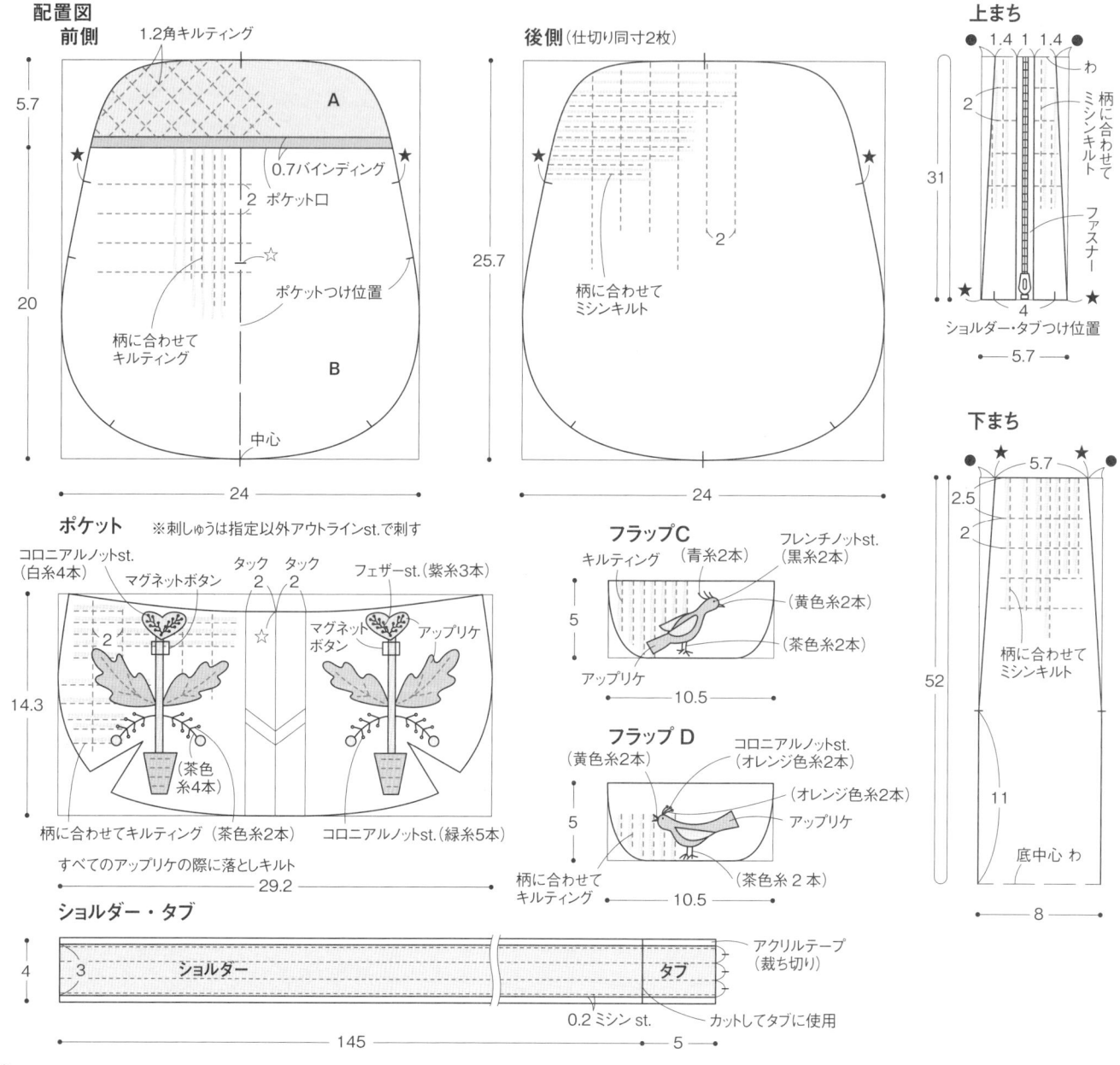

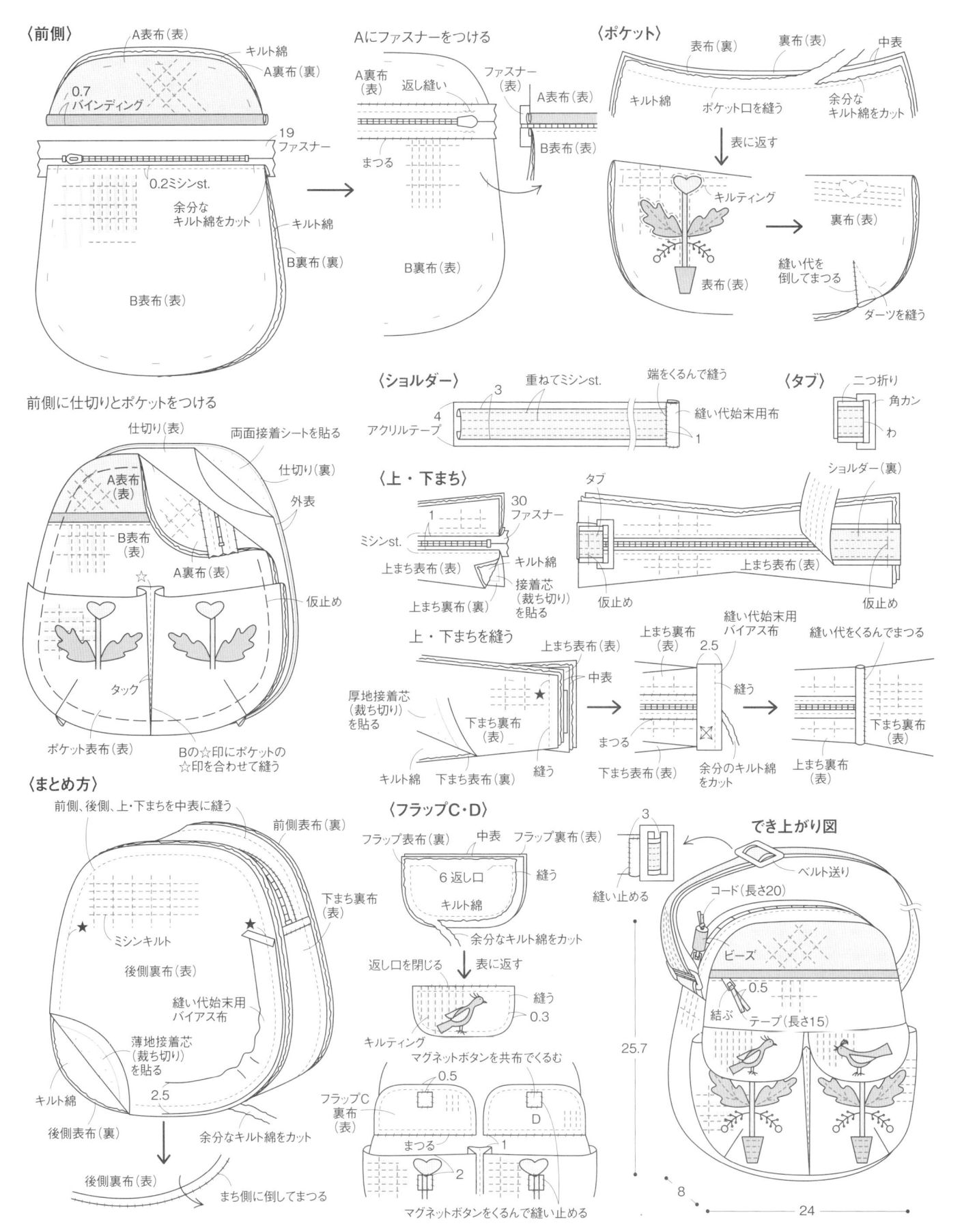

〈前側〉
A表布(表)
キルト綿
A裏布(裏)
0.7 バインディング
19 ファスナー
0.2 ミシンst.
余分なキルト綿をカット
キルト綿
B裏布(裏)
B表布(表)

Aにファスナーをつける
A裏布(表)
返し縫い
ファスナー(表)
まつる
A表布(表)
B表布(表)
B裏布(表)

〈ポケット〉
表布(裏)
裏布(表)
中表
キルト綿
ポケット口を縫う
余分なキルト綿をカット
表に返す
キルティング
裏布(表)
表布(表)
縫い代を倒してまつる
ダーツを縫う

前側に仕切りとポケットをつける
仕切り(表)
両面接着シートを貼る
A表布(表)
仕切り(裏)
外表
B表布(表)
A裏布(表)
仮止め
タック
ポケット表布(表)
Bの☆印にポケットの☆印を合わせて縫う

〈ショルダー〉
重ねてミシンst.
端をくるんで縫う
3
4 アクリルテープ
縫い代始末用布
1

〈タブ〉
二つ折り
角カン
わ

〈上・下まち〉
1 30 ファスナー
ミシンst.
上まち表布(表)
キルト綿
上まち裏布(裏)
接着芯(裁ち切り)を貼る
タブ
ショルダー(裏)
仮止め
上まち表布(表)
仮止め

上・下まちを縫う
上まち表布(表)
上まち裏布(表)
中表
縫い代始末用バイアス布
2.5
縫う
縫い代をくるんでまつる
下まち裏布(表)
厚地接着芯(裁ち切り)を貼る
キルト綿
下まち表布(裏)
まつる
下まち表布(表)
余分のキルト綿をカット
下まち裏布(表)
上まち裏布(表)

〈まとめ方〉
前側、後側、上・下まちを中表に縫う
前側表布(裏)
★
ミシンキルト
後側裏布(表)
縫い代始末用バイアス布
薄地接着芯(裁ち切り)を貼る
キルト綿
後側表布(裏)
2.5
下まち裏布(表)
余分なキルト綿をカット
後側裏布(表)
まち側に倒してまつる

〈フラップC・D〉
フラップ表布(裏)
中表
フラップ裏布(表)
6 返し口
縫う
キルト綿
余分なキルト綿をカット
返し口を閉じる
表に返す
キルティング
縫う
0.3
マグネットボタンを共布でくるむ
0.5
フラップC裏布(表)
D
まつる
1
2
マグネットボタンをくるんで縫い止める

3
縫い止める
ベルト送り
コード(長さ20)
ビーズ
0.5
結ぶ
テープ(長さ15)
でき上がり図
25.7
8
24

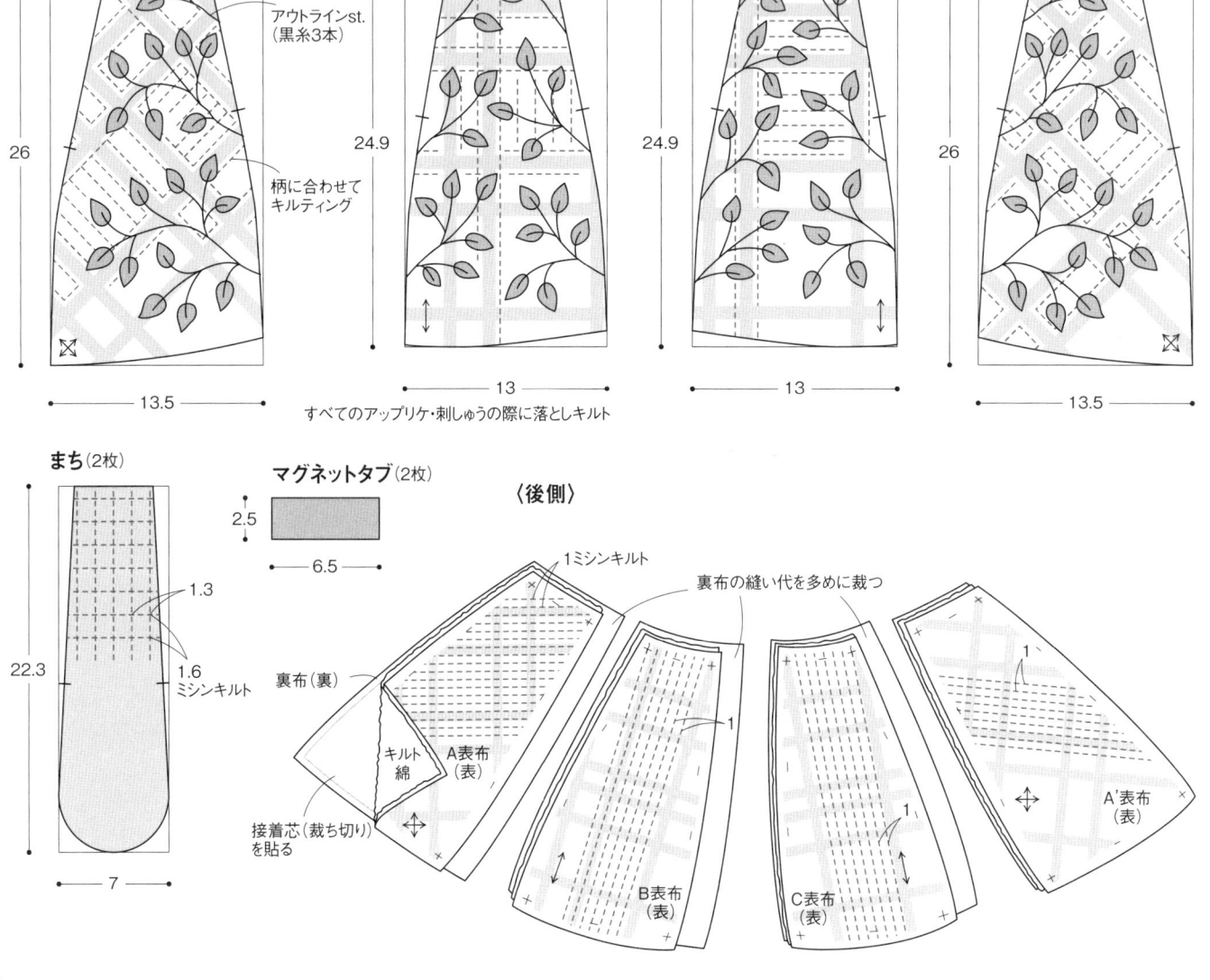

5 葉っぱのグラニーバッグ　　p.014　実物大型紙　巻末A面

[材料]

土台布…茶系チェック110×60cm、アップリケ用布…スクラップ布を使用（マグネットタブを含む）、まち…先染めチェック30×25cm、裏布・キルト綿各110×60cm、バインディング（バイアス）…先染めストライプ3.5×80cm、パイピング（コード入り）…芯用丸コード直径0.3×170cm・先染めチェック（バイアス）2.5×180cm、縫い代始末用バイアス布2.5×60cm、幅3cmテープ190cm、直径2cmマグネットボタン1組、厚地接着芯30×20cm、接着芯70×30cm、25番刺しゅう糸黒適宜

[作り方]

1 土台布A・B・C・A'にアップリケと刺しゅうをし、前側表布をそれぞれ作る。
2 前側A・B・C・A'それぞれにキルト綿と裏布を重ねてキルティングをする。後側は裏布の裏に接着芯を貼り、同様に作る。
3 前側A・Bを中表に合わせ、間にパイピング（コード入り）をはさんで縫い、同様にCとA'を縫い合わせる。後側を同様に縫う。
4 前側と後側を中表に合わせて底を縫い、縫い代を始末する。
5 前・後側の袋口をバインディングする。
6 まちを作り、前・後側と外表に合わせて縫う。
7 本体とまちの縫い代にテープを縫い止めながら続けて持ち手部分を縫う。
8 マグネットタブを作り、前・後側の内側に縫いつける。

配置図　※後側（アップリケなし）A・B・C・A'対称各1枚

〈前側〉

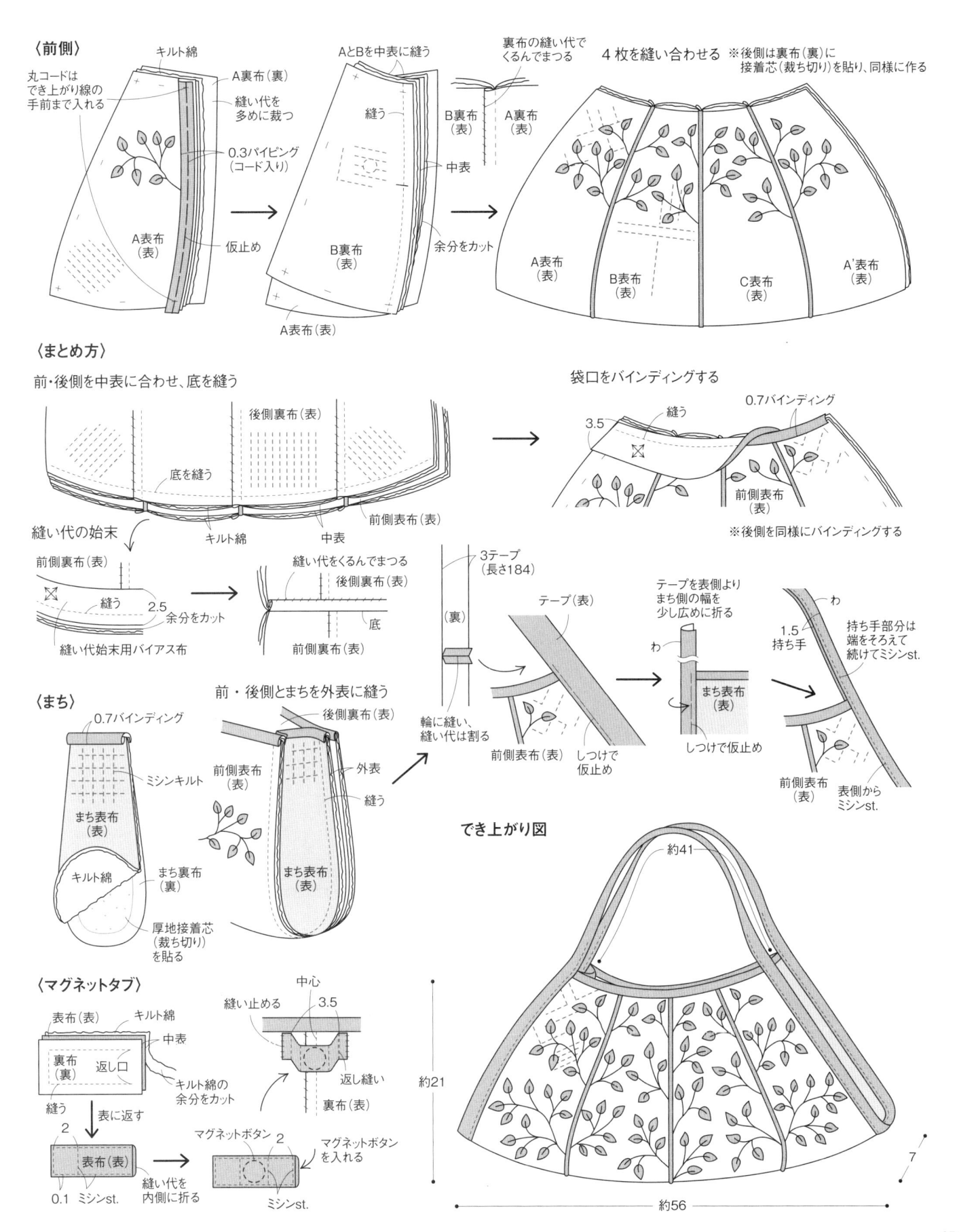

丸コードはでき上がり線の手前まで入れる

キルト綿
A裏布(裏)
縫い代を多めに裁つ
0.3パイピング(コード入り)
A表布(表)
仮止め

AとBを中表に縫う
縫う
B裏布(表)
中表
B裏布(表)
余分をカット
A表布(表)

裏布の縫い代でくるんでまつる
B裏布(表) A裏布(表)

4枚を縫い合わせる ※後側は裏布(裏)に接着芯(裁ち切り)を貼り、同様に作る
A表布(表) B表布(表) C表布(表) A'表布(表)

〈まとめ方〉

前・後側を中表に合わせ、底を縫う
後側裏布(表)
底を縫う
キルト綿
中表
前側表布(表)

袋口をバインディングする
0.7バインディング
3.5 縫う
前側表布(表)
※後側を同様にバインディングする

縫い代の始末
前側裏布(表)
縫う
2.5
余分をカット
縫い代始末用バイアス布

縫い代をくるんでまつる
後側裏布(表)
底
前側裏布(表)

〈まち〉

0.7バインディング
ミシンキルト
まち表布(表)
キルト綿
まち裏布(裏)
厚地接着芯(裁ち切り)を貼る

前・後側とまちを外表に縫う
後側裏布(表)
前側表布(表)
外表
縫う
まち表布(表)

3テープ(長さ184)
(裏)

輪に縫い、縫い代は割る
テープ(表)
前側表布(表)
しつけで仮止め

テープを表側よりまちの幅を少し広めに折る
わ
まち表布(表)
しつけで仮止め

1.5 持ち手
持ち手部分は端をそろえて続けてミシンst.
前側表布(表)
表側からミシンst.

〈マグネットタブ〉

表布(表)
キルト綿
中表
裏布(裏) 返し口
縫う
キルト綿の余分をカット

↓表に返す

2
表布(表)
0.1 ミシンst.
縫い代を内側に折る

中心
縫い止める 3.5
返し縫い
裏布(表)

マグネットボタン
2
マグネットボタンを入れる
ミシンst.

でき上がり図
約41
約21
約56
7

075

6 野の花摘みのバッグ p.016 実物大型紙 巻末A面

[材料]
パッチワーク・アップリケ用布…グレーチェックネル(ファスナー飾り・まち・底を含む)110×20cm・茶色チェックネル(まち・底を含む)110×20cm・スクラップ布を使用、前・後側…ベージュチェックネル(くるみ布を含む)80×25cm、持ち手…濃グレー先染め40×15cm、裏布・キルト綿各80×55cm、バインディング(バイアス)…3.5×35cmを2本・3.5×70cmを1本・3.8×130cmを1本、30cm丈・33cm丈ファスナー各1本、幅2cmテープ80cm、薄地接着芯40×40cm、厚地接着芯15×55cm、直径2cmマグネットボタン一組、ウッドビーズ2個、25番刺しゅう糸黒・茶色各適宜

[作り方]
1 アップリケ、刺しゅうをして前・後側ポケット表布を作る。
2 本体と2のそれぞれにキルティングをして、上部をバインディングする。
3 本体前側にポケットをつける。
4 本体後側とポケットにファスナーをつける。
5 持ち手を作り、縫いつける。
6 まち・底を作る。
7 本体とまち・底を外表に縫い合わせ、縫い代を始末する。

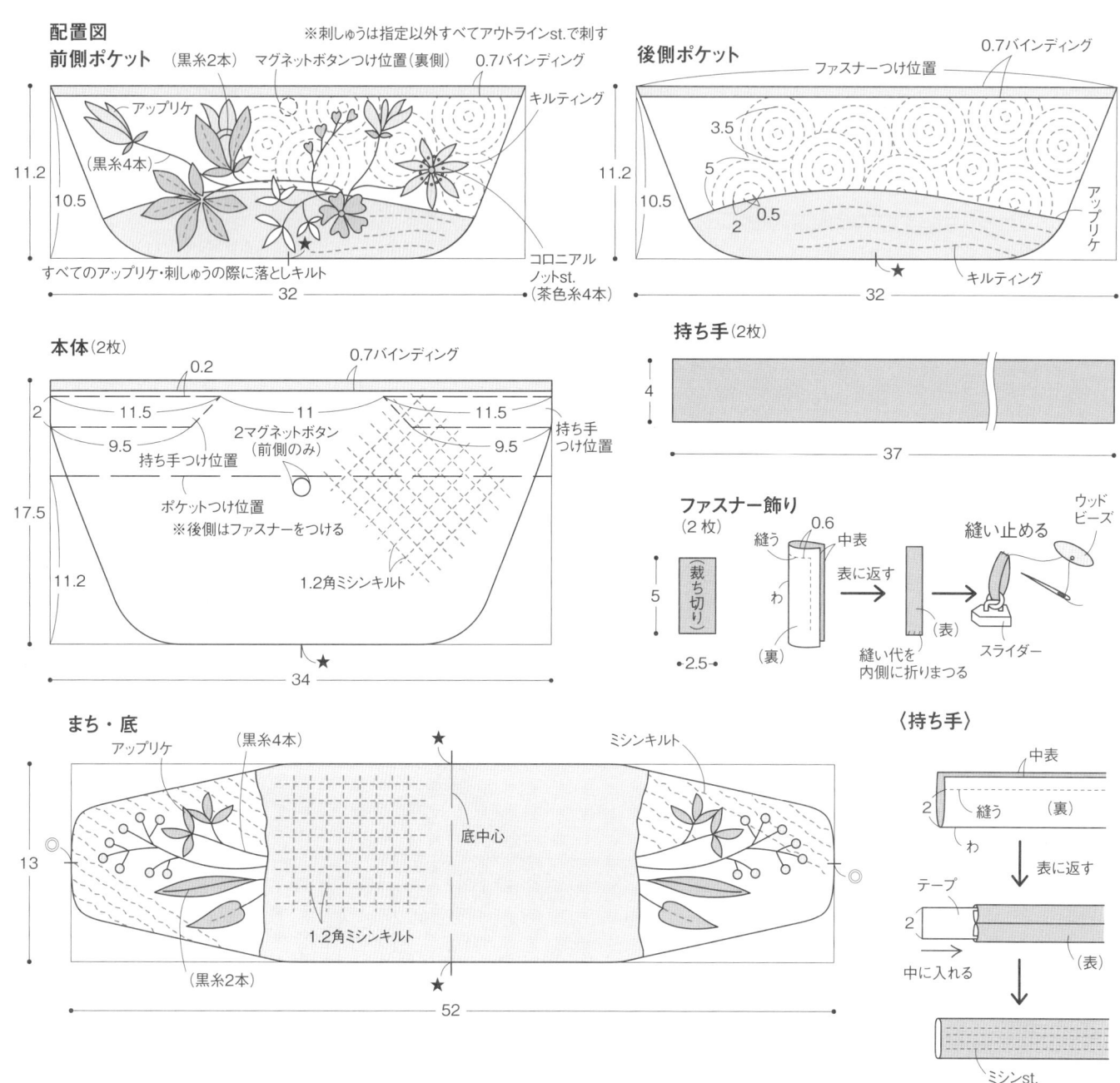

〈ポケット〉 裏布にまつる ③0.7バインディング
3.5 縫う
バイアス布（裏）
キルト綿
裏布（裏）
①アップリケ、刺しゅうをする
前側ポケット表布（表）
②キルティング
※後側も同様に作る

〈本体〉 裏布にまつる 0.7バインディング
3.5 縫う バイアス布（裏）
本体表布（表）
キルト綿
ミシンキルト
本体裏布（裏）
薄地接着芯（裁ち切り）を貼る
※2枚作る

〈本体にポケットをつける〉
折る
まつる
縫う
後側ポケット裏布（表）
ファスナー（裏）
本体後側（表）
後側のポケットにファスナーをつける

ファスナー飾り
※仕上がってから縫い止める

〈後側〉
（表）
ポケット（表）
仮止め
★印を合わせる

〈前側〉
（表）
ポケット（表）
仮止め
★印を合わせる
※本体と前側ポケットにマグネットボタンをつける。作り方は088ページ参照

〈本体にファスナーをつける〉
前側（裏） 縫う つき合わせる
まつる
後側（裏） ファスナー（裏）

〈持ち手をつける〉
ミシンst.
18
14
後側（表） 持ち手

〈まち・底〉
②ミシンキルト
裏布（裏）
キルト綿
②ミシンキルト
表布（表）
①アップリケと刺しゅうをする
厚地接着芯（裁ち切り）を貼る

〈まとめ方〉
②縫う
バイアス布（裏）
◎印を合わせる
前側（表）
①外表に縫う
③縫い代をくるんでまつる
まち・底（表）
3.5
0.7バインディング
まち・底と本体の★印を合わせる

でき上がり図
ファスナー飾り
約14
35.4
14.4

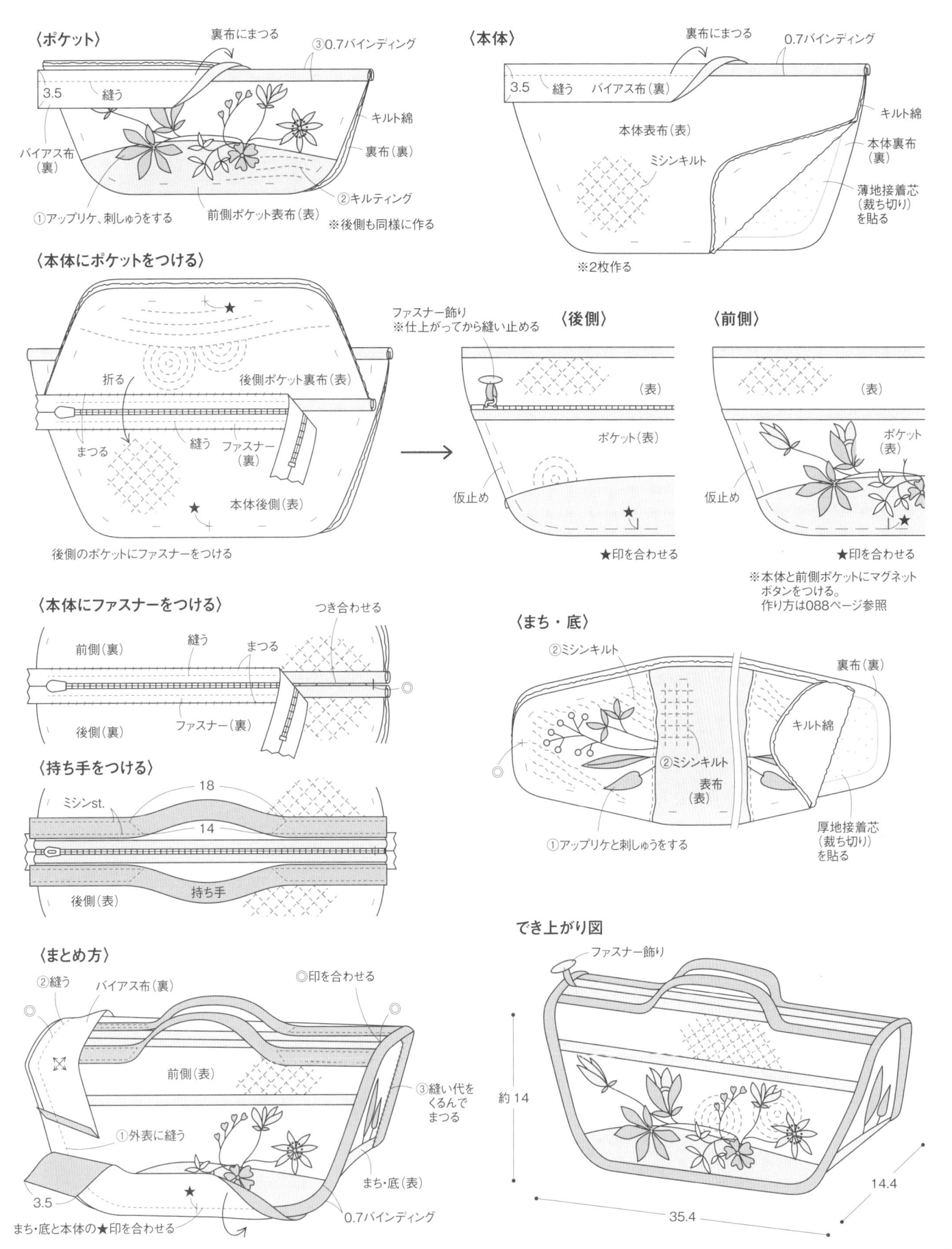

077

7 スープカップポーチ p.018 実物大型紙 巻末A面

[材料]
土台布・アップリケ用布…赤チェックネル30×25cm・スクラップ布を使用(底・持ち手・ファスナー端布を含む)、裏布・キルト綿各40×30cm、45cm丈フリーファスナー1本、スライダー1個、接着芯適宜

[作り方]
1 土台布にアップリケをして表布を作り、裏布を中表に合わせてキルト綿を重ね、底側と袋口側を縫い、表に返してキルティングをする。
2 本体裏の袋口にファスナーをつけて中表に折り、脇を縫う。
3 脇の縫い代、ファスナーの端を始末し、底をつける。
4 持ち手を対称に作り、両脇にまつり止める。

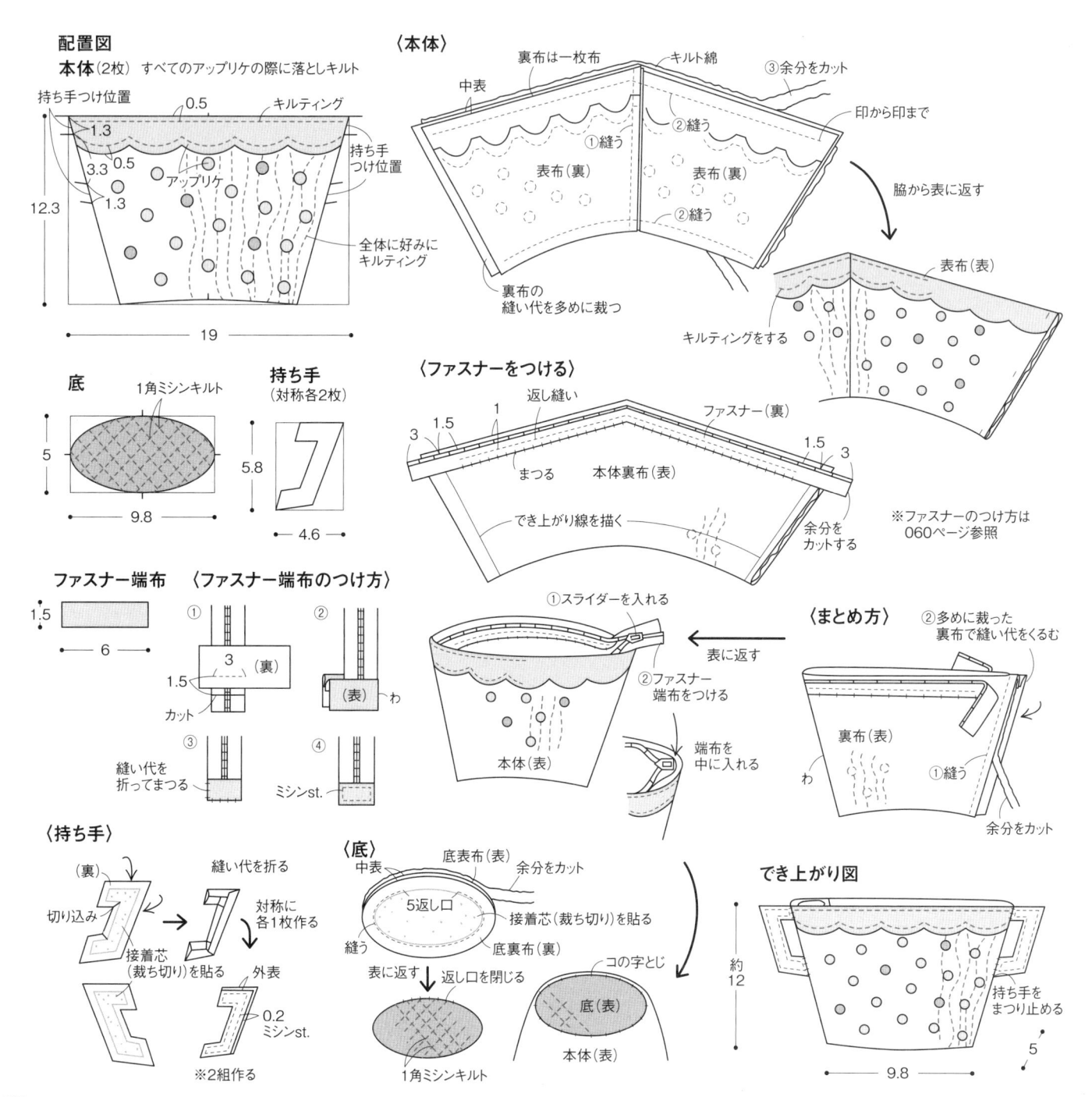

配置図
本体(2枚) すべてのアップリケの際に落としキルト

〈本体〉
裏布は一枚布 / 中表 / キルト綿 / ③余分をカット / ①縫う / ②縫う / 表布(裏) / 印から印まで / 脇から表に返す / 裏布の縫い代を多めに裁つ / キルティングをする / 表布(表)

〈ファスナーをつける〉
返し縫い / ファスナー(裏) / 本体裏布(表) / まつる / でき上がり線を描く / 余分をカットする
※ファスナーのつけ方は060ページ参照

ファスナー端布 〈ファスナー端布のつけ方〉
1.5 × 6 / ①3(裏) 1.5 カット / ②(表) わ / ③縫い代を折ってまつる / ④ミシンst.

〈持ち手〉
(裏) / 切り込み / 接着芯(裁ち切り)を貼る / 縫い代を折る / 対称に各1枚作る / 外表 / 0.2ミシンst. / ※2組作る

〈底〉
中表 / 底表布(表) / 余分をカット / 5返し口 / 接着芯(裁ち切り)を貼る / 縫う / 底裏布(裏) / 表に返す / 返し口を閉じる / コの字とじ / 底(表) / 1角ミシンキルト / 本体(表)

〈まとめ方〉
①スライダーを入れる / 表に返す / ②ファスナー端布をつける / 端布を中に入れる / 本体(表) / ②多めに裁った裏布で縫い代をくるむ / 裏布(表) / ①縫う / わ / 余分をカット

〈でき上がり図〉
約12 / 9.8 / 5 / 持ち手をまつり止める

25 六角形の針刺し

p.038　実物大型紙　巻末A面

[材料]
パッチワーク用布…スクラップ布を使用(本体・底・ケース底・ケース側面裏布を含む)、ビーズ3個、プラスチックボード10×10cm、キャンドルウィック用糸グレー・接着芯・詰め綿各適宜

[作り方]
1 針刺し本体表布6枚を縫い合わせ、接着芯を貼った底を中表に縫い合わせ、表に返して綿を詰めて針刺しを作る。
2 ケース側面を6枚作り、接着芯を貼った底6辺に、それぞれ順に6枚縫い合わせる。
3 表に返して側面を立ち上げ、隣り合う側面同士をコの字とじし、箱にして針刺しを中に入れる。

配置図

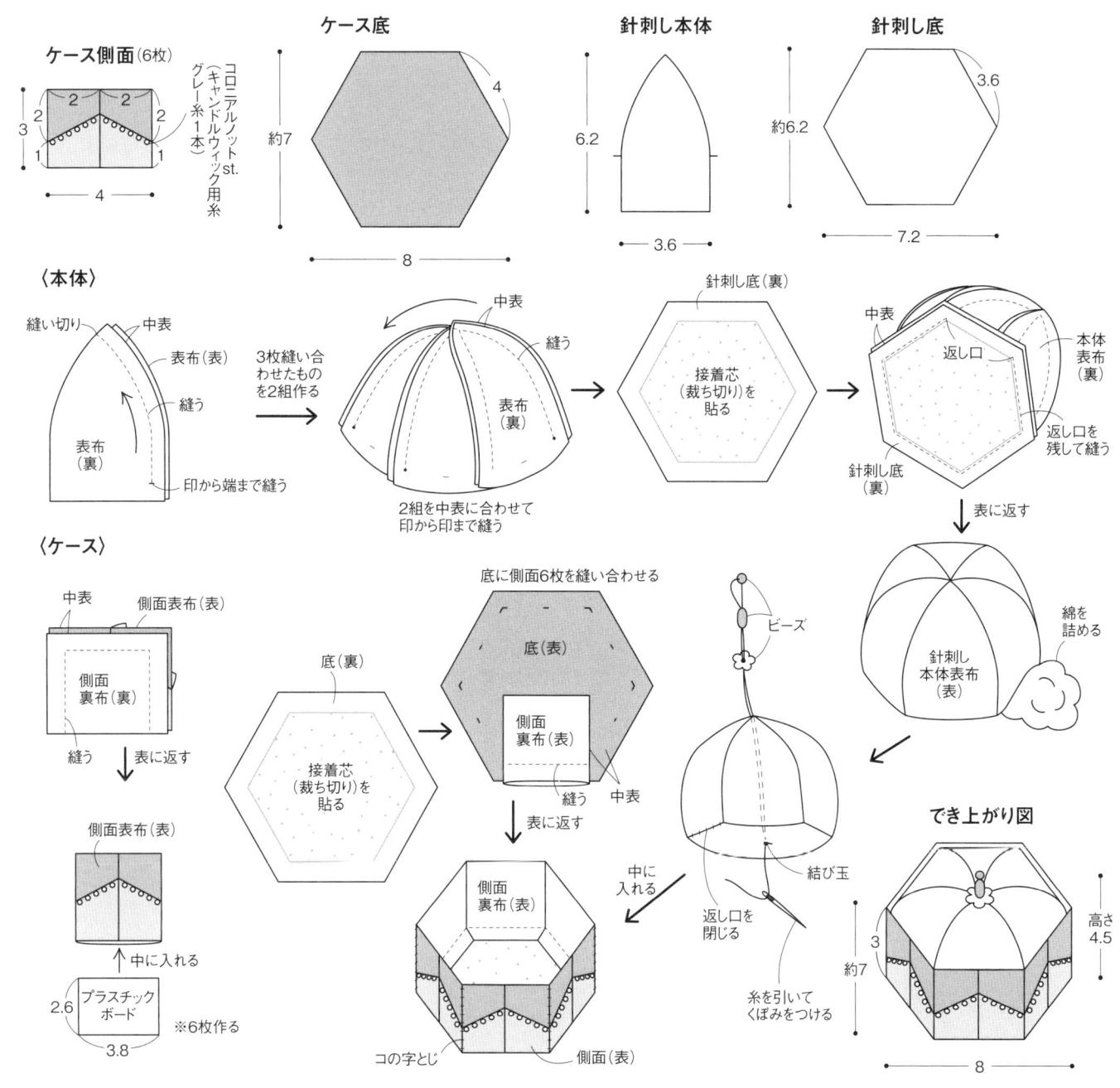

ケース側面(6枚) — 4×3、コロニアルノットst.(キャンドルウィック用糸グレー糸1本)

ケース底 — 約7×8、4

針刺し本体 — 6.2×3.6

針刺し底 — 約6.2×7.2、3.6

〈本体〉
- 縫い切り／中表／表布(表)／表布(裏)／縫う／印から端まで縫う
- 3枚縫い合わせたものを2組作る
- 2組を中表に合わせて印から印まで縫う
- 針刺し底(裏)／接着芯(裁ち切り)を貼る
- 中表／返し口／本体表布(裏)／針刺し底(裏)／返し口を残して縫う
- 表に返す
- 綿を詰める／針刺し本体表布(表)

〈ケース〉
- 中表／側面表布(表)／側面裏布(裏)／縫う
- 表に返す
- 側面表布(表)／プラスチックボード 2.6×3.8／中に入れる　※6枚作る
- 底(裏)／接着芯(裁ち切り)を貼る
- 底に側面6枚を縫い合わせる／底(表)／側面裏布(表)／縫う／中表
- 表に返す
- 側面裏布(表)／コの字とじ／側面(表)
- 中に入れる／返し口を閉じる／ビーズ／結び玉／糸を引いてくぼみをつける

でき上がり図 — 高さ4.5、約7、3、8

9 フクロウのバッグ p.020 実物大型紙 巻末A面

[材料]
土台布…淡グレープリント60×30cm、アップリケ用布…スクラップ布を使用、側面…グレープリント(ポケット裏布を含む)50×35cm、ポケット…紺プリント40×25cm、底…黒ストライプ30×20cm、当て布…30×20cm、裏布(内ポケットを含む)110×70cm、キルト綿110×60cm、バインディング(バイアス)…先染めストライプ3.5×120cm・茶色先染めチェック3.5×35cm、幅2.5cm黒テープ170cm、厚地接着芯30×30cm、25番刺しゅう糸各色・両面接着芯各適宜

[作り方]
1 土台布にアップリケと刺しゅうをして本体表布を2枚作り、それぞれにキルト綿と裏布を重ねてキルティングをする。
2 各パーツを本体と同様に作り、底以外は上部をバインディングする。
3 本体2枚にそれぞれ内ポケットを仮止めする。
4 側面2枚にポケットを仮止めする。
5 本体と側面を外表に輪に縫い合わせる。
6 5の縫い代を側面側に倒し、テープを重ねて縫い、持ち手を作る。
7 6と底を中表に合わせて縫い、底裏布を内側にまつる。

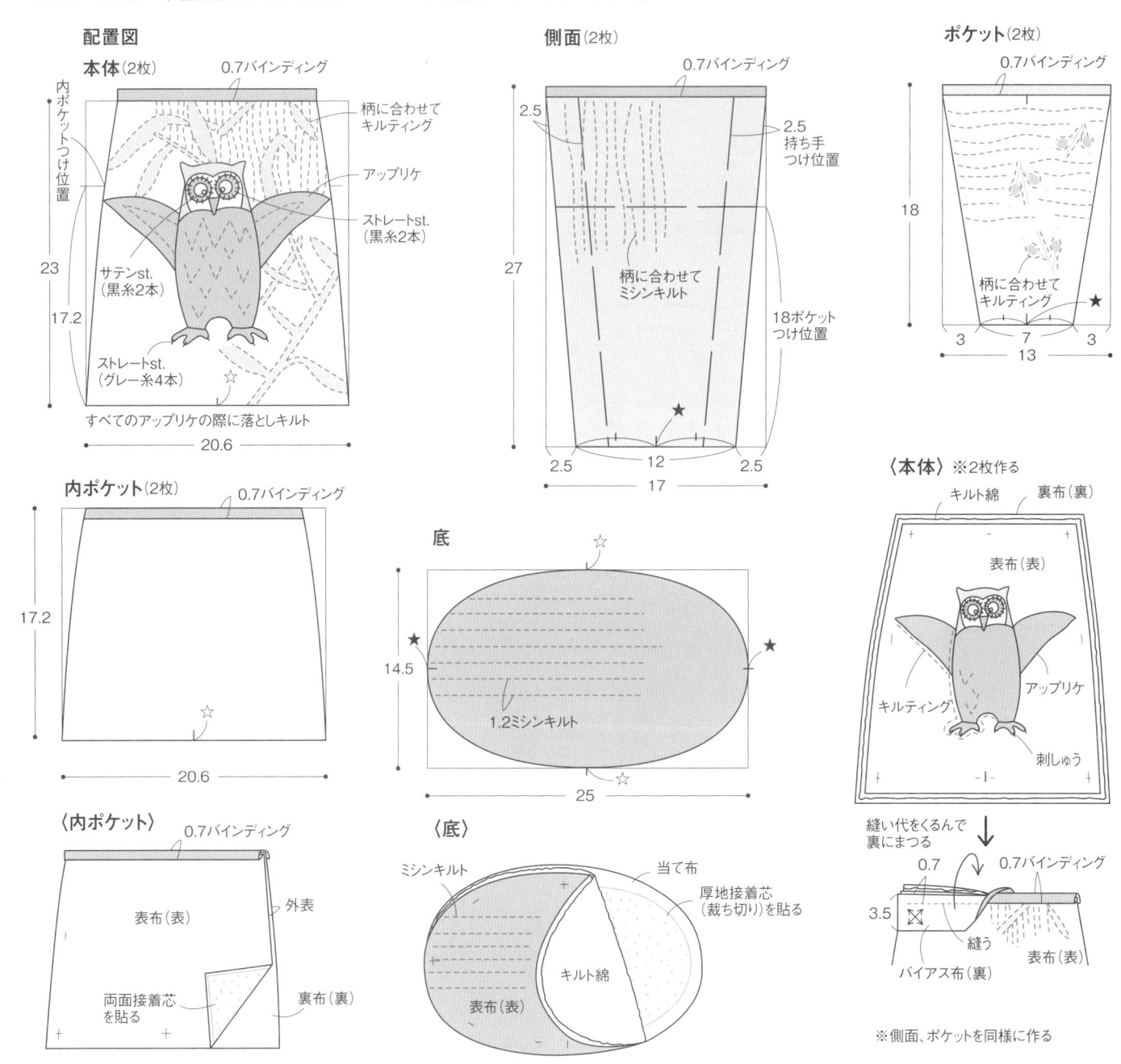

〈本体に内ポケットをつける〉
- 仮止め
- 外表
- 内ポケット裏布(表)
- 本体(表)
- 印を合わせる

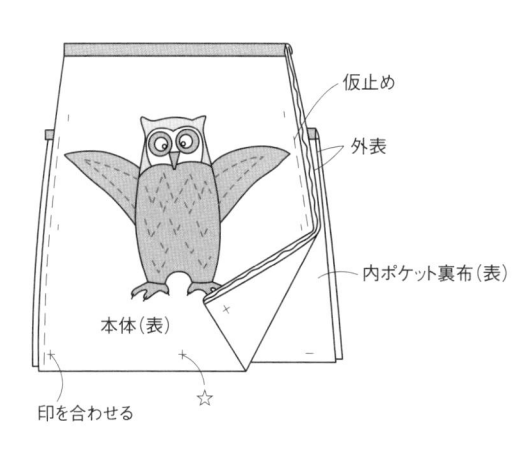

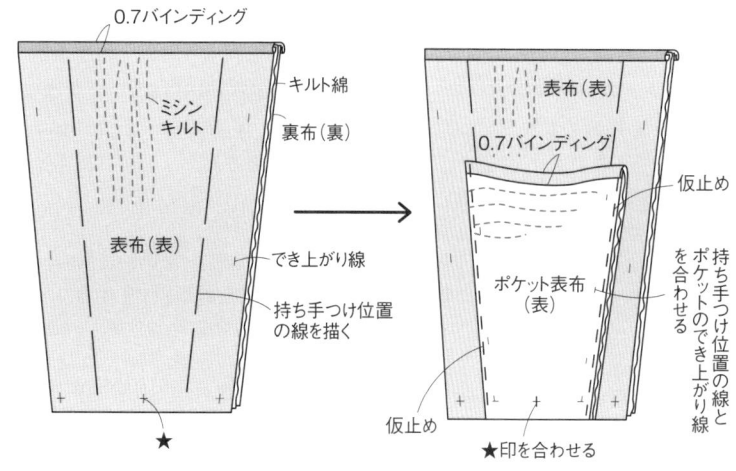

〈側面にポケットをつける〉
- 0.7バインディング
- キルト綿
- 裏布(裏)
- ミシンキルト
- 表布(表)
- でき上がり線
- 持ち手つけ位置の線を描く
- ★印を合わせる

- 表布(表)
- 0.7バインディング
- 仮止め
- ポケット表布(表)
- 仮止め
- 持ち手つけ位置の線とポケットのでき上がり線を合わせる

〈本体と側面を縫い合わせて輪にする〉
- 外表
- 側面裏布(表)
- 縫う
- 本体(表)
- 印を合わせる

〈持ち手をつける〉
縫い代を側面側に倒す
- 側面裏布(表)
- 側面(表)
- ポケット(表)
- 本体(表)
- 本体(表)

- 持ち手つけ位置にテープを重ねてミシンst.
- 27
- 0.2
- 2.5テープ(長さ84)
- 0.2 ミシンst.
- 本体(表)

反対側も同様にして持ち手をつける

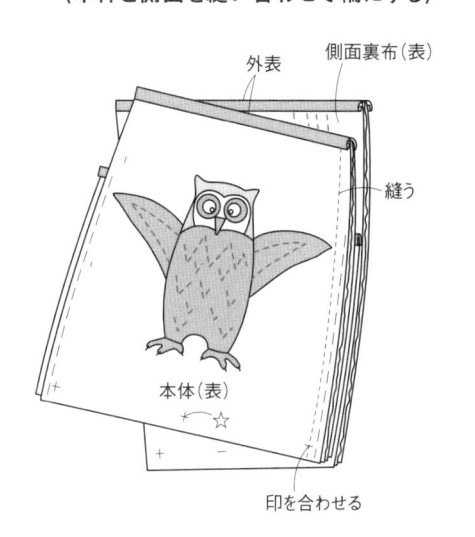

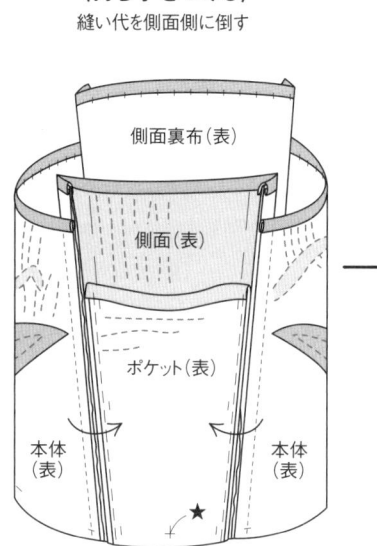

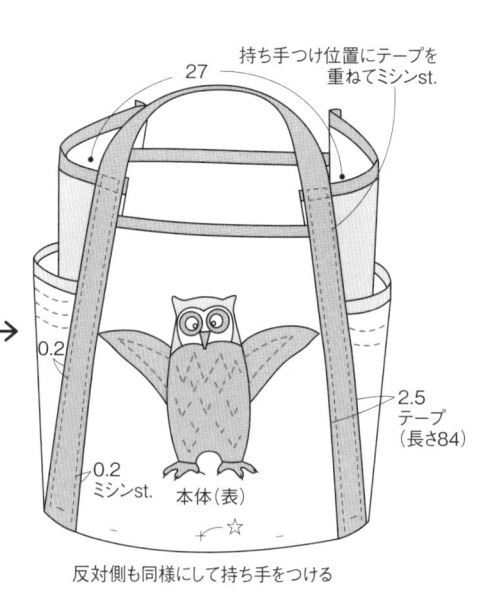

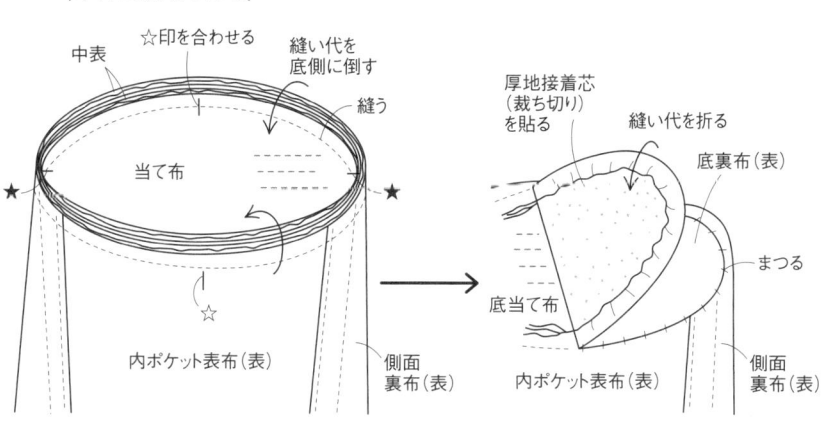

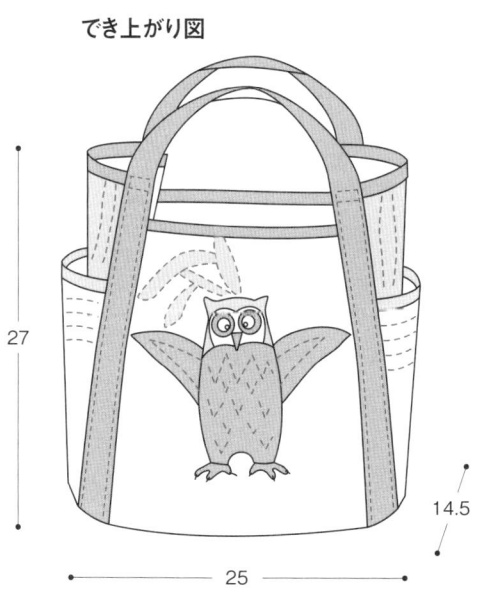

〈本体に底をつける〉
- 中表
- ☆印を合わせる
- 縫い代を底側に倒す
- 当て布
- 縫う
- 内ポケット表布(表)
- 側面裏布(表)

- 厚地接着芯(裁ち切り)を貼る
- 縫い代を折る
- 底裏布(表)
- まつる
- 底当て布
- 内ポケット表布(表)
- 側面裏布(表)

でき上がり図
- 27
- 14.5
- 25

081

10 花とかご編みのバッグ　p.024　実物大型紙 巻末A面

[材料]
土台布…ベージュ先染め起毛チェック80×50cm・グレー先染め80×25cm、アップリケ用布…茶色プリント110×35cm（持ち手を含む）・スクラップ布を使用、裏布110×50cm、キルト綿110×40cm、バインディング（バイアス）…茶色プリント3.5×70cm、パイピング（コード入り）…芯用丸コード直径0.2×140cm・茶色プリント（バイアス）2.5×140cm、縫い代始末用バイアス布2.5×140cm、縫い代始末用布2.5×30cm、薄地接着芯55×40cm、25番刺しゅう糸各色適宜

[作り方]
1 土台布にアップリケと刺しゅうをして前側とまち表布2枚を作る。
2 1と後側表布それぞれにキルト綿と裏布を重ねてキルティングをする。後側裏布の底側の縫い代を多めに裁つ。
3 まちにパイピング（コード入り）を仮止めする。
4 前・後側を中表に合わせて底を縫い、縫い代を多めに裁った後側裏布でくるんで始末する。
5 4とまちを中表に合わせて縫い、縫い代を縫い代始末用バイアス布で始末する。
6 5の袋口をバインディングする。
7 持ち手を作り、前・後側の内側につける。

配置図
前・後側
※刺しゅうは前側のみ・すべてアウトラインst.で刺す

0.5　持ち手つけ位置　0.5
7　　　　　　　　　　7
柄に合わせてキルティング
1キルティング
アップリケ（前側のみ）
（茶色糸 4本）
（緑糸 4本）
（茶色糸 4本）
31
27
すべてのアップリケ・刺しゅうの際に落としキルト

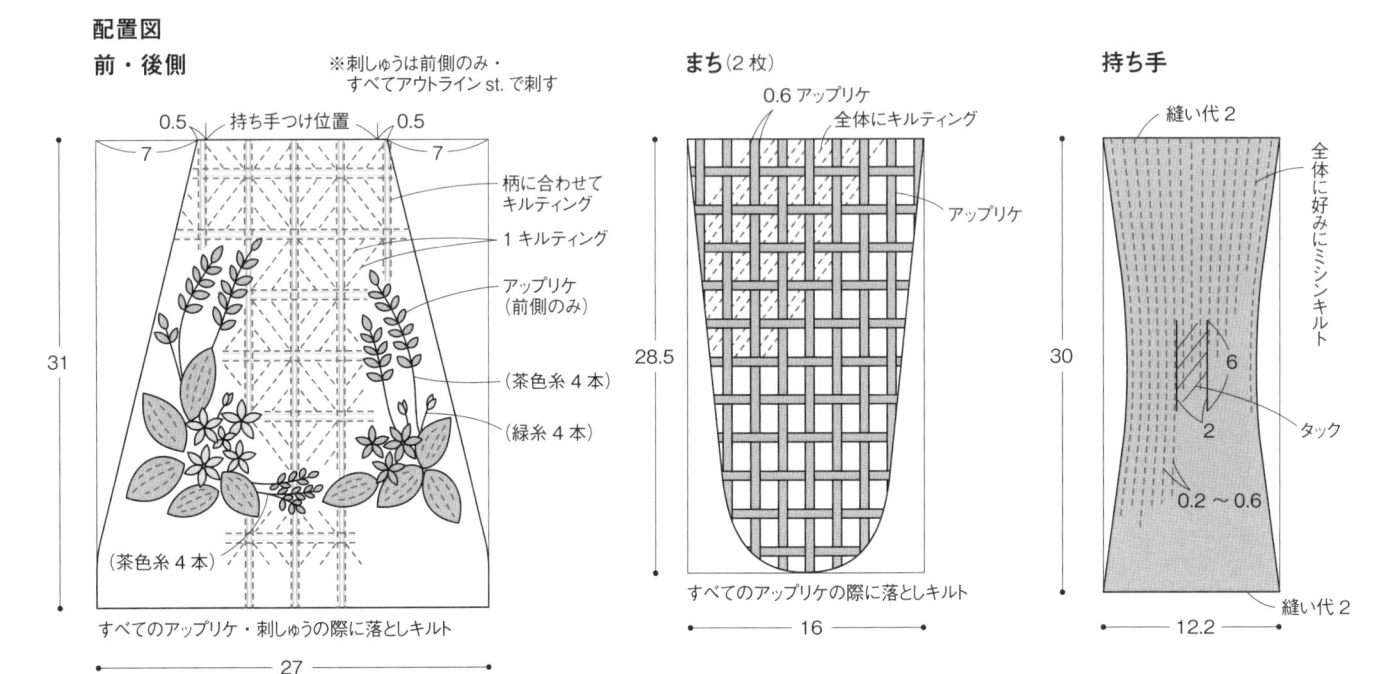

まち（2枚）
0.6 アップリケ
全体にキルティング
アップリケ
28.5
16
すべてのアップリケの際に落としキルト

持ち手
縫い代2
全体に好みにミシンキルト
6
2
タック
0.2～0.6
30
12.2
縫い代2

〈まちのアップリケの仕方〉
表布（表）　中心　線を描く
1.8　1.8
1.8
2.5
2.5

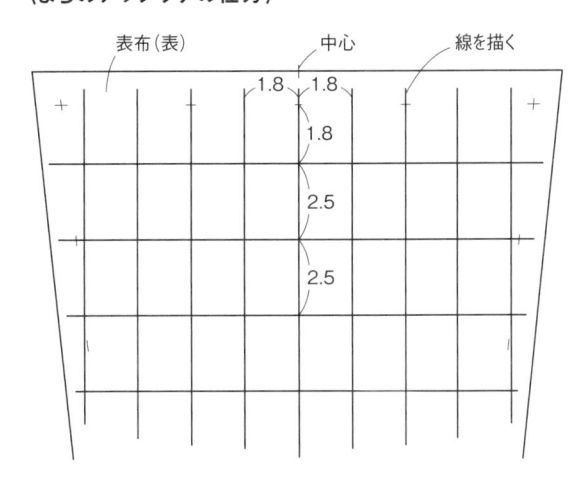

テープを作る
0.6

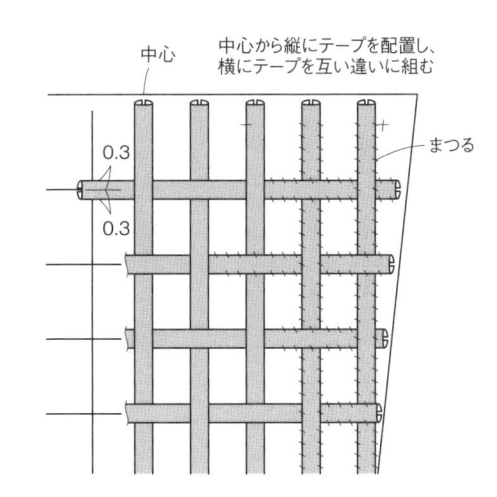

中心　中心から縦にテープを配置し、横にテープを互い違いに組む
0.3
0.3
まつる

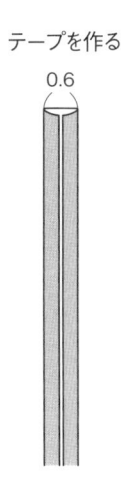

〈前・後側〉

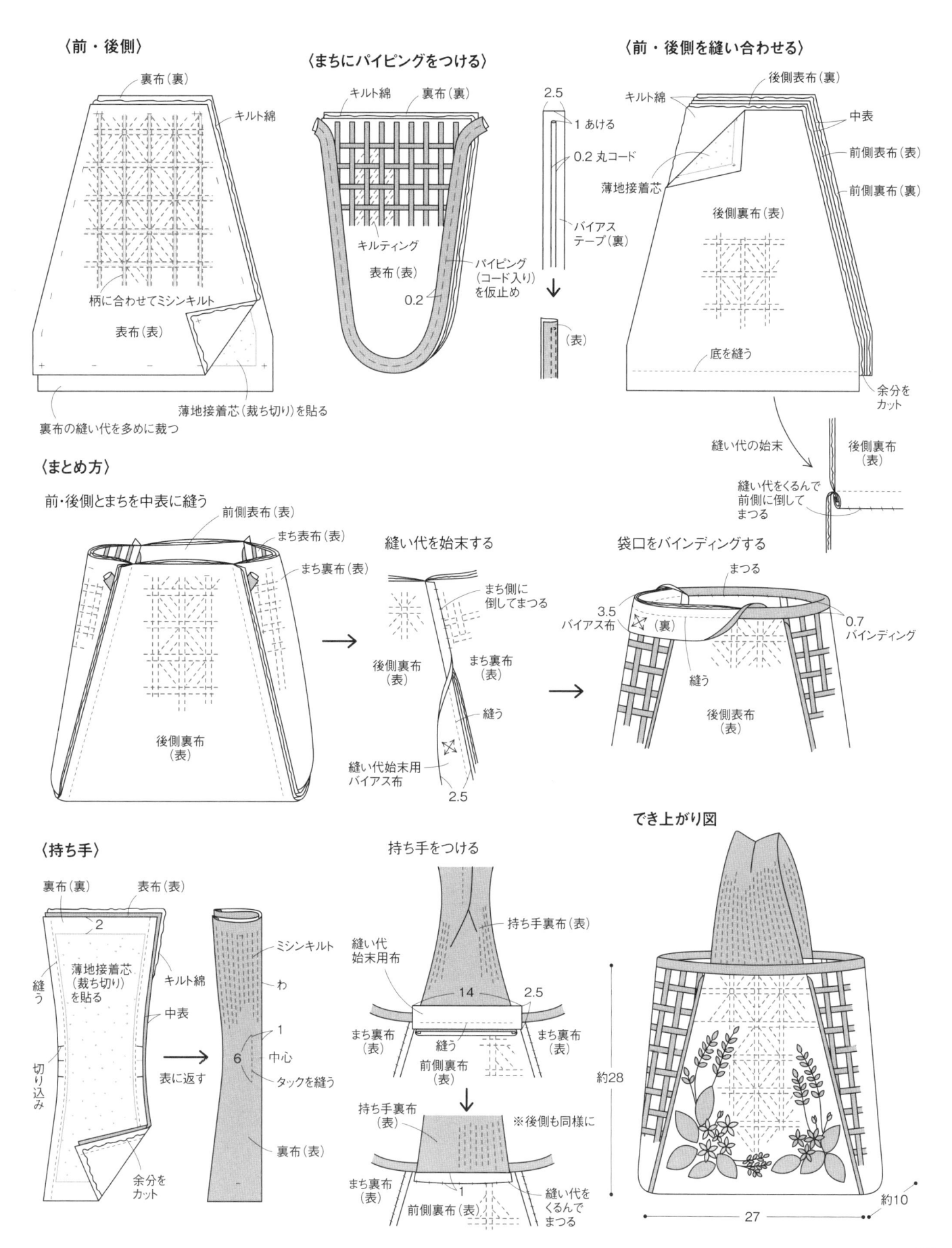

- 裏布(裏)
- キルト綿
- 柄に合わせてミシンキルト
- 表布(表)
- 薄地接着芯(裁ち切り)を貼る
- 裏布の縫い代を多めに裁つ

〈まちにパイピングをつける〉

- キルト綿
- 裏布(裏)
- キルティング
- 表布(表)
- パイピング(コード入り)を仮止め
- 0.2

- 2.5
- 1あける
- 0.2 丸コード
- バイアステープ(裏)
- (表)

〈前・後側を縫い合わせる〉

- 後側表布(裏)
- キルト綿
- 中表
- 前側表布(表)
- 薄地接着芯
- 前側裏布(裏)
- 後側裏布(表)
- 底を縫う
- 余分をカット

縫い代の始末
- 後側裏布(表)
- 縫い代をくるんで前側に倒してまつる

〈まとめ方〉

前・後側とまちを中表に縫う
- 前側表布(表)
- まち表布(表)
- まち裏布(表)
- 後側裏布(表)

縫い代を始末する
- まち側に倒してまつる
- 後側裏布(表)
- まち裏布(表)
- 縫う
- 縫い代始末用バイアス布
- 2.5

袋口をバインディングする
- まつる
- 3.5 バイアス布(裏)
- 0.7 バインディング
- 縫う
- 後側表布(表)

〈持ち手〉

- 裏布(裏)
- 表布(表)
- 2
- 薄地接着芯(裁ち切り)を貼る
- キルト綿
- 中表
- 縫う
- 切り込み
- 余分をカット
- 表に返す

- ミシンキルト
- わ
- 1
- 6 中心
- タックを縫う
- 裏布(表)

持ち手をつける
- 持ち手裏布(表)
- 縫い代始末用布
- 14 2.5
- まち裏布(表)
- 縫う
- 前側裏布(表)
- まち裏布(表)

- 持ち手裏布(表)
- 前側裏布(表)
- 1
- 縫い代をくるんでまつる
- ※後側も同様に

でき上がり図

- 約28
- 27
- 約10

083

11 花のポーチ …… p.024

[材料]
パッチワーク・アップリケ用布…先染めを含むスクラップ布を使用（まち・ファスナー端布を含む）、裏布・キルト綿各30×30cm、バインディング（バイアス）…グレー先染めチェック3.5×60cm、幅2.5cm麻混テープ51cm、丸コード直径0.3×14cm、20cm丈ファスナー1本、接着芯20×10cm、25番刺しゅう糸各色適宜

[作り方]
1 パッチワーク、アップリケ、刺しゅうをして本体表布を作る。
2 本体とまち表布それぞれにキルト綿と裏布を重ねてキルティングをする。
3 本体とまちを外表に合わせ、バインディングをして縫い代を始末する。
4 本体の入れ口にファスナーを縫いつける。
5 持ち手を作りながら、袋口の始末をする。
6 ファスナーの端を端布で始末する。

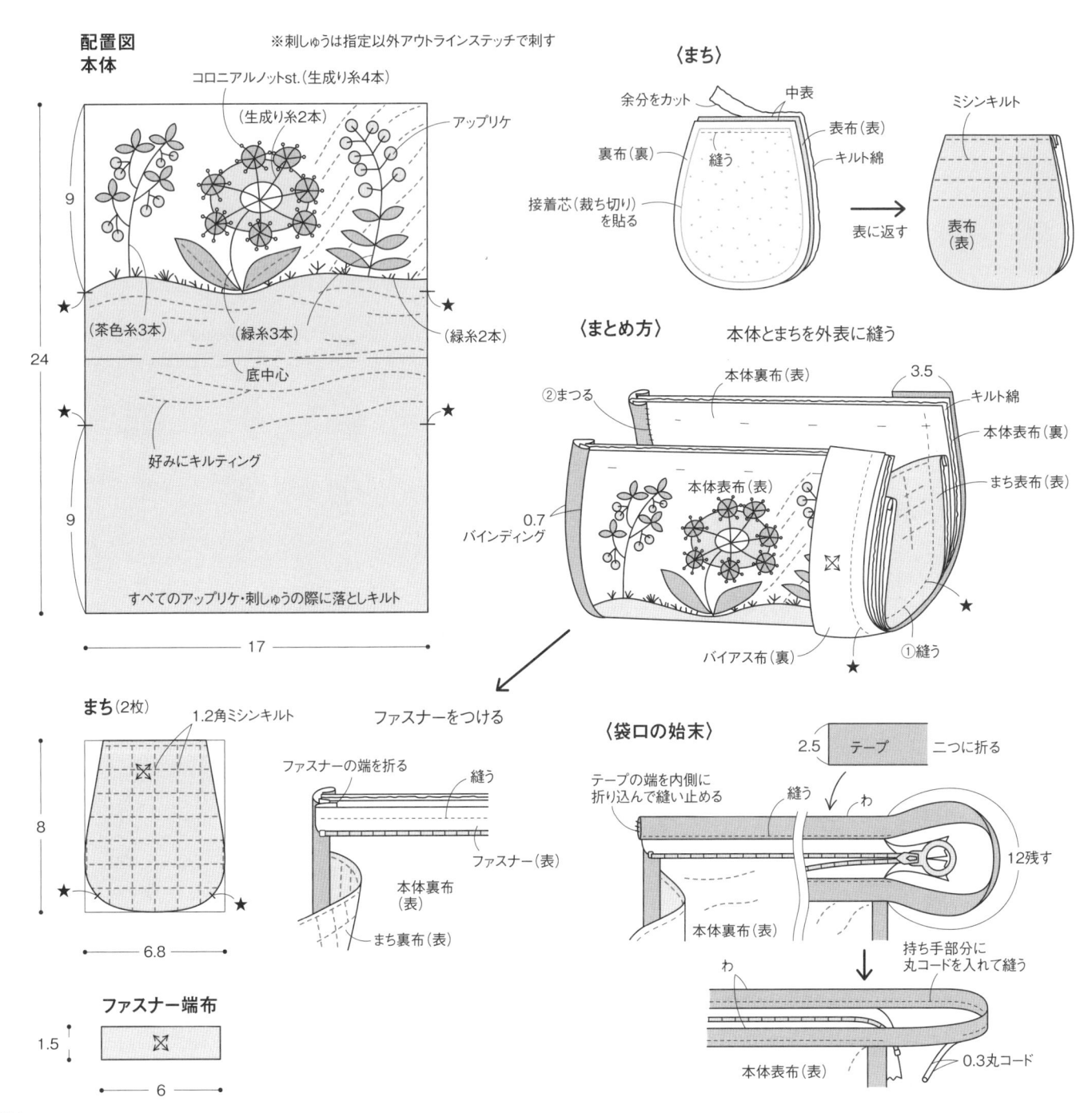

配置図 本体
※刺しゅうは指定以外アウトラインステッチで刺す
コロニアルノットst.（生成り糸4本）
（生成り糸2本）
アップリケ
（茶色糸3本）
（緑糸3本）
（緑糸2本）
底中心
好みにキルティング
すべてのアップリケ・刺しゅうの際に落としキルト
9 / 24 / 9
17

〈まち〉
余分をカット
中表
裏布（裏）
表布（表）
縫う
キルト綿
接着芯（裁ち切り）を貼る
→表に返す
ミシンキルト
表布（表）

〈まとめ方〉
本体とまちを外表に縫う
②まつる
本体裏布（表）
3.5
キルト綿
本体表布（裏）
0.7
バインディング
本体表布（表）
まち表布（表）
バイアス布（裏）
①縫う

まち（2枚）
1.2角ミシンキルト
8
6.8

ファスナー端布
1.5
6

ファスナーをつける
ファスナーの端を折る
縫う
ファスナー（表）
本体裏布（表）
まち裏布（表）

〈袋口の始末〉
2.5 テープ 二つに折る
テープの端を内側に折り込んで縫い止める
縫う
わ
本体裏布（表）
12残す
持ち手部分に丸コードを入れて縫う
わ
本体表布（表）
0.3丸コード

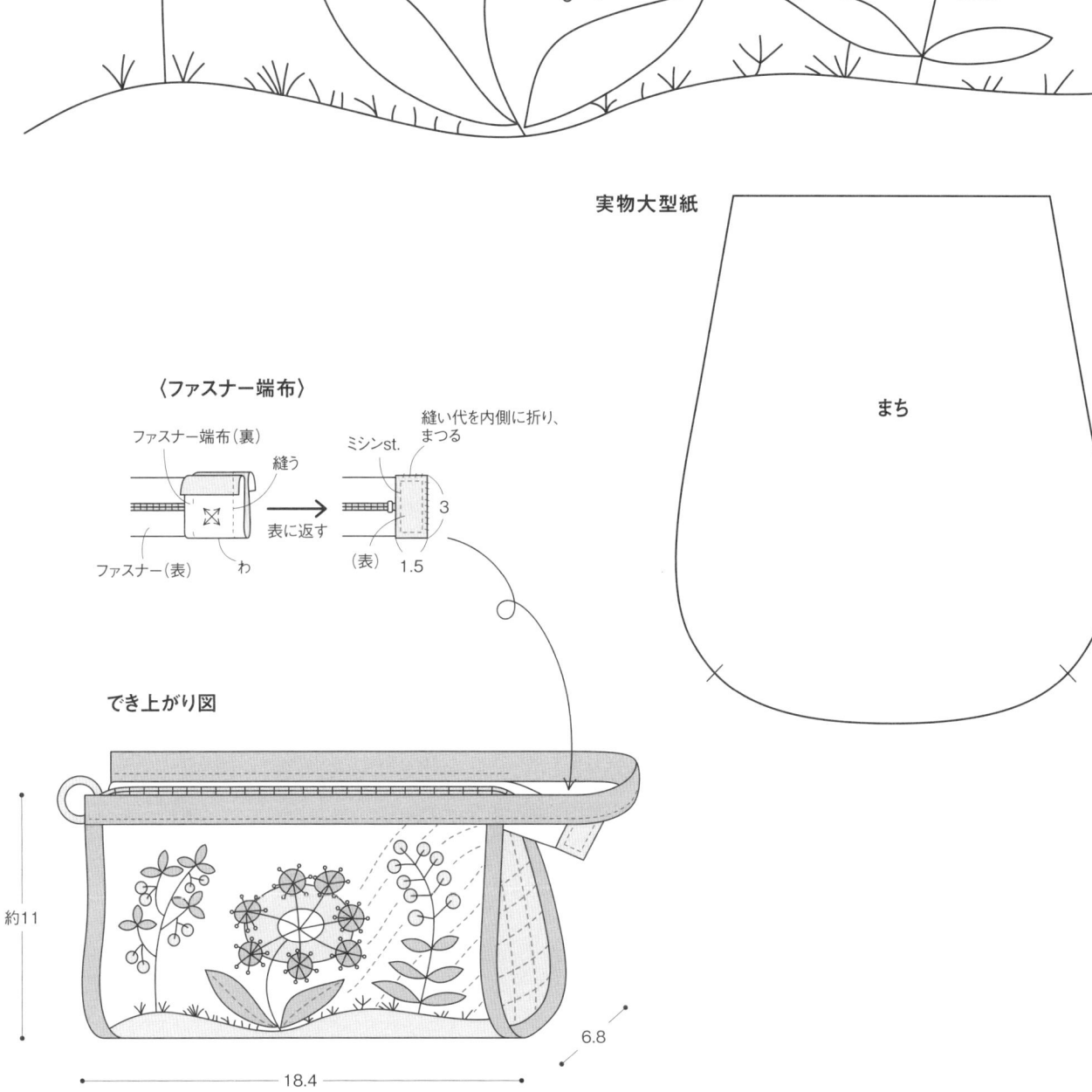

実物大型紙

まち

〈ファスナー端布〉

ファスナー端布(裏)
縫う
ファスナー(表)
わ
表に返す

ミシンst.
縫い代を内側に折り、まつる
(表)
3
1.5

でき上がり図

約11
18.4
6.8

12 まると十字のバッグ ……… p.026　実物大型紙　巻末B面

[材料]
パッチワーク・アップリケ用布…スクラップ布を使用(持ち手を含む)、口布・見返し…グレーチェックネル80×30cm、底…グレー先染めチェック25×15cm、裏布・キルト綿各110×45cm、当て布25×15cm、幅3cmテープ48cm、厚地接着芯25×25cm、薄地接着芯25×10cm、接着芯40×10cm、両面接着シート21×11cm

[作り方]
1 パッチワーク、アップリケをして本体表布を2枚作り、それぞれにキルト綿と裏布を重ねてキルティングをする。
2 本体2枚を中表に合わせて両脇を縫う。縫い代を多めに裁った裏布でくるんで始末する。
3 底を作る。
4 本体と底を中表に縫い合わせ、縫い代を底側に倒す。厚地接着芯と両面接着シートを貼った底裏布を内側にまつる。
5 持ち手を作り、本体に仮止めする。
6 輪にした見返しを本体と中表に合わせて袋口を縫う。見返しを表に返して内側にまつり止める。

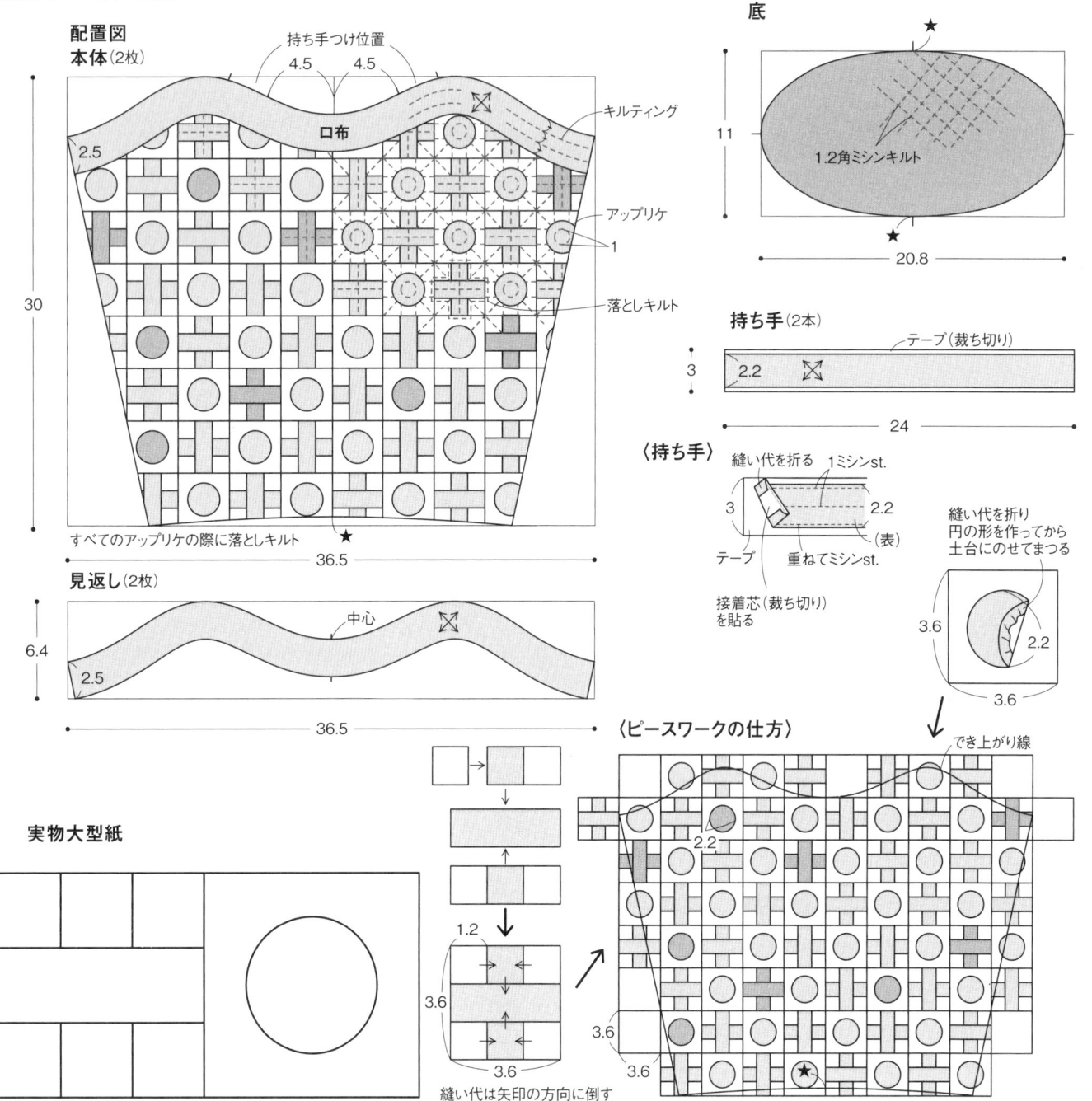

配置図
本体(2枚)
持ち手つけ位置 4.5 4.5
2.5
口布
キルティング
アップリケ 1
落としキルト
30
すべてのアップリケの際に落としキルト
36.5

底
1.2角ミシンキルト
11
20.8

持ち手(2本)
テープ(裁ち切り)
2.2
3
24

〈持ち手〉
縫い代を折る　1ミシンst.
3　2.2
テープ　(表)
重ねてミシンst.
接着芯(裁ち切り)を貼る

縫い代を折り円の形を作ってから土台にのせてまつる
3.6　2.2
3.6

見返し(2枚)
中心
6.4
2.5
36.5

〈ピースワークの仕方〉
1.2
3.6
3.6
縫い代は矢印の方向に倒す

2.2
3.6
3.6
でき上がり線

実物大型紙

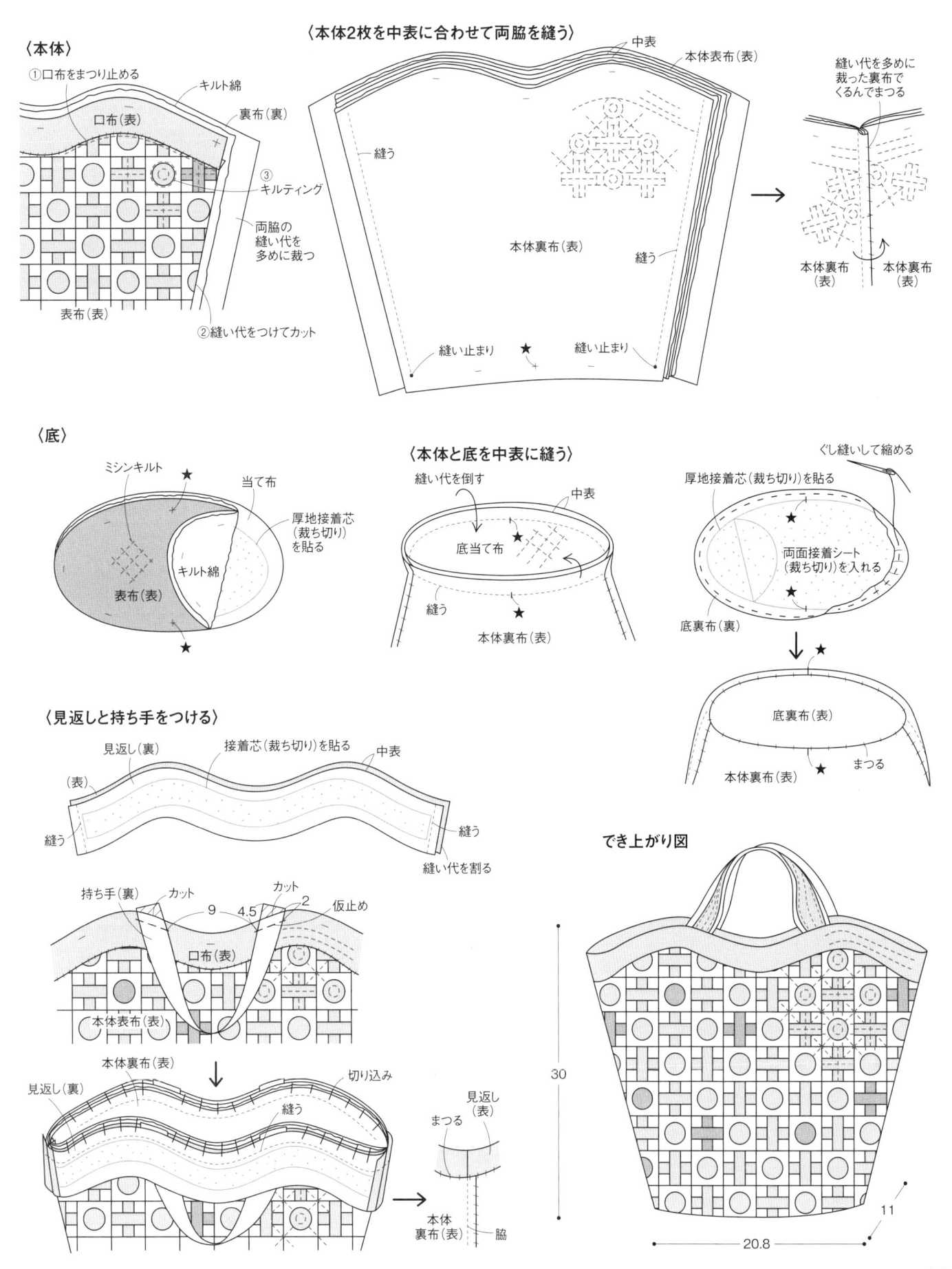

〈本体〉
①口布をまつり止める
口布（表）
キルト綿
裏布（裏）
③キルティング
両脇の縫い代を多めに裁つ
表布（表）
②縫い代をつけてカット

〈本体2枚を中表に合わせて両脇を縫う〉
中表
本体表布（表）
縫う
本体裏布（表）
縫う
縫い止まり
縫い止まり

縫い代を多めに裁った裏布でくるんでまつる
本体裏布（表）
本体裏布（表）

〈底〉
ミシンキルト
当て布
厚地接着芯（裁ち切り）を貼る
表布（表）
キルト綿

〈本体と底を中表に縫う〉
縫い代を倒す
中表
底当て布
縫う
本体裏布（表）

ぐし縫いして縮める
厚地接着芯（裁ち切り）を貼る
両面接着シート（裁ち切り）を入れる

底裏布（表）
本体裏布（表）
まつる

〈見返しと持ち手をつける〉
見返し（裏）
接着芯（裁ち切り）を貼る
中表
（表）
縫う
縫う
縫い代を割る

持ち手（裏）
カット
9 4.5 2
カット
仮止め
口布（表）
本体表布（表）

本体裏布（表）
切り込み
見返し（裏）
縫う

見返し（表）
まつる
本体裏布（表）
脇

でき上がり図
30
20.8
11

13 まわるまるのショルダーバッグ …… p.028 実物大型紙 巻末B面

[材料]
パッチワーク・アップリケ用布…スクラップ布を使用、前・後側…グレー先染め（まち・底・ふたつけ布・くるみ布含む）80×45cm、裏布・キルト綿各90×40cm、当て布40×35cm、パイピング（コード入り）…芯用丸コード直径0.4×90cm・先染めストライプ（バイアス）2.5×90cm、縫い代始末用バイアス布2.5×180cm、薄地接着芯80×40cm、接着芯75×5cm、幅3.8cmテープ105cm、直径2cmマグネットボタン一組、両面接着シート適宜

[作り方]
1 ふた表布を作り、キルト綿と当て布を重ねてキルティングをする。裏布と中表に合わせた間にパイピング（コード入り）をはさんで縫う。表に返してマグネットボタンを縫い止める。
2 前・後側表布それぞれに裏布を中表に合わせ、キルト綿を重ねてキルティングをし、前側のダーツを縫う。
3 後側にふたをつける。
4 テープをはさんだまち・底を作る。
5 前・後側とまち・底を中表に縫い合わせ、縫い代を始末し、マグネットボタンをつける。

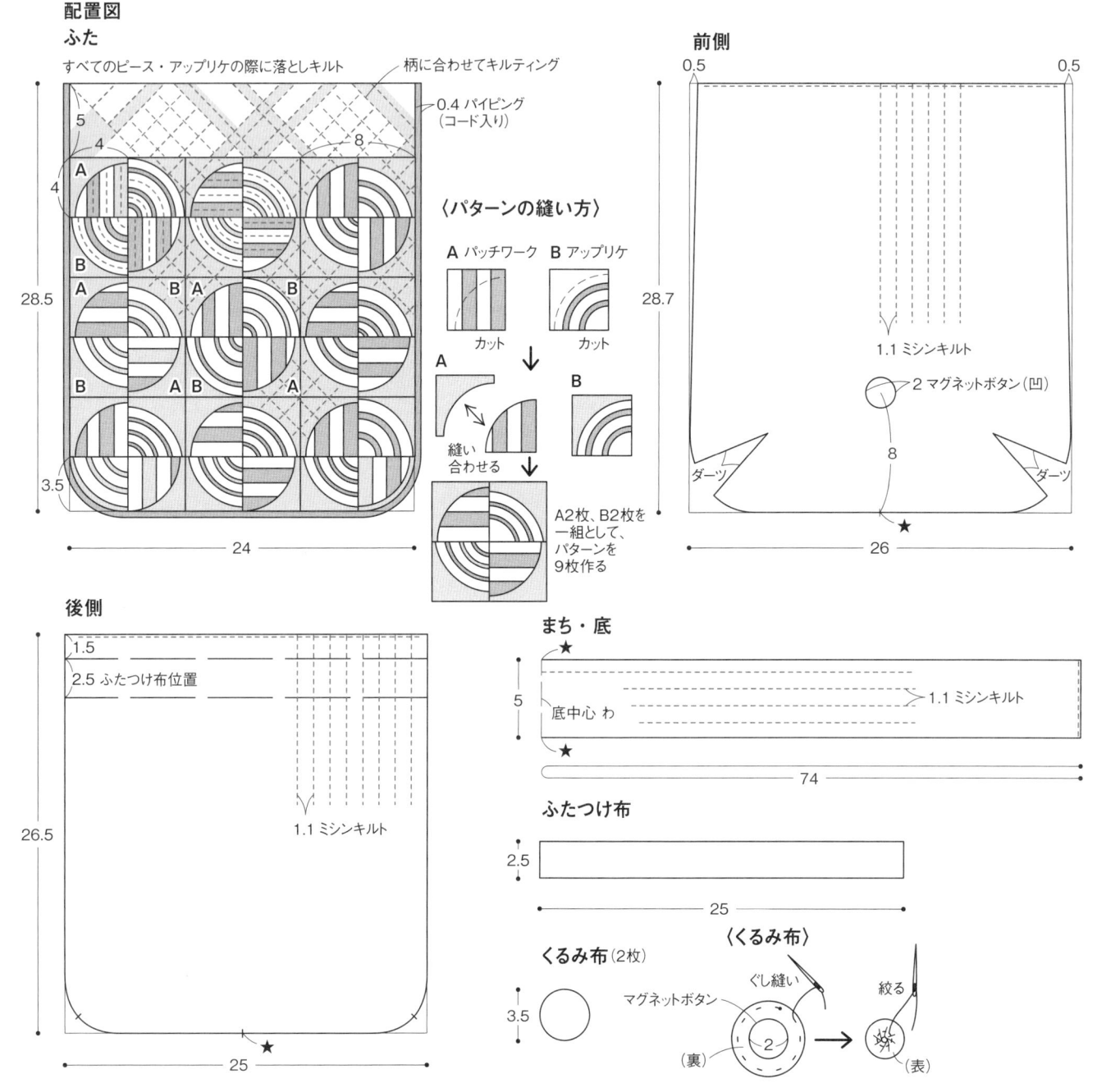

〈ふた〉

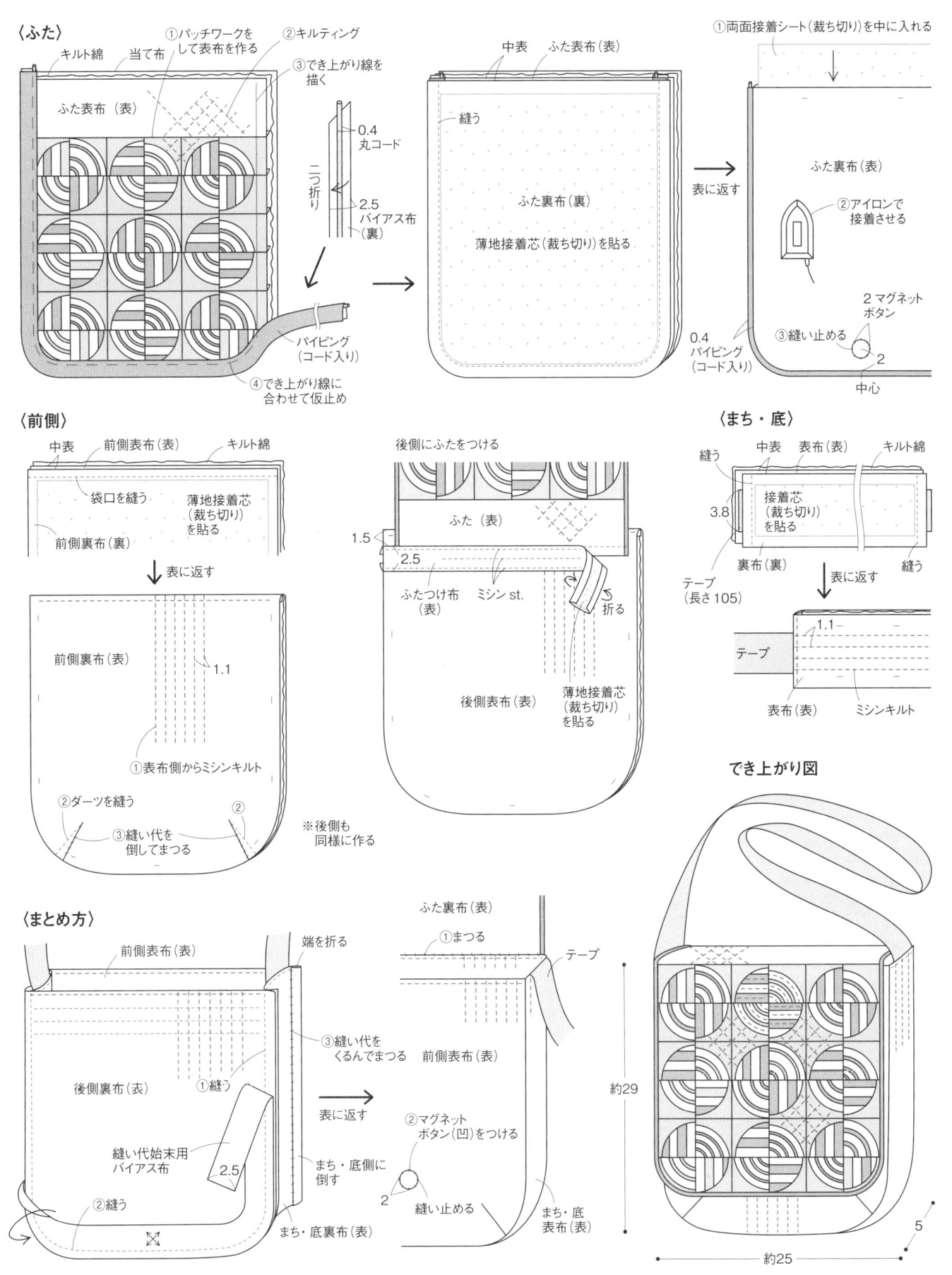

キルト綿 / 当て布 / ①パッチワークをして表布を作る / ②キルティング / ③でき上がり線を描く

ふた表布（表）

0.4 丸コード
二つ折り
2.5
バイアス布（裏）

パイピング（コード入り）
④でき上がり線に合わせて仮止め

中表 / ふた表布（表）
縫う
ふた裏布（裏）
薄地接着芯（裁ち切り）を貼る

0.4 パイピング（コード入り）

①両面接着シート（裁ち切り）を中に入れる

ふた裏布（表）

②アイロンで接着させる

表に返す

2 マグネットボタン
③縫い止める
2
中心

〈前側〉

中表 / 前側表布（表） / キルト綿
袋口を縫う
薄地接着芯（裁ち切り）を貼る
前側裏布（裏）

表に返す

前側裏布（表）
1.1
①表布側からミシンキルト
②ダーツを縫う
③縫い代を倒してまつる

後側にふたをつける

ふた（表）
1.5
2.5
ふたつけ布（表）
ミシン st.
折る
後側表布（表）
薄地接着芯（裁ち切り）を貼る

※後側も同様に作る

〈まち・底〉

縫う / 中表 / 表布（表） / キルト綿
接着芯（裁ち切り）を貼る
3.8
裏布（裏）
縫う
テープ（長さ105）

表に返す

1.1
テープ
表布（表）
ミシンキルト

でき上がり図

〈まとめ方〉

前側表布（表）
端を折る
後側裏布（表）
③縫い代をくるんでまつる
①縫う
縫い代始末用バイアス布
2.5
②縫う

表に返す

まち・底側に倒す

ふた裏布（表）
①まつる
テープ
前側表布（表）
②マグネットボタン（凹）をつける
2
縫い止める
まち・底表布（表）

約29
約25
5

14 ストリングのショルダーバッグ　　p.030　実物大型紙　巻末B面

[材料]
パッチワーク用布…スクラップ布を使用、本体…青グレー先染め(まち・ショルダー表・裏布・ふたつけ布・くるみ布・タブを含む)80×80cm、裏布・キルト綿・薄地接着芯各80×70cm、当て布40×40cm、パイピング(コード入り)…芯用丸コード直径0.4×90cm・先染めチェック(バイアス)2.5×90cm、33cm丈ファスナー1本、直径2cmマグネットボタン一組、幅1cm Dカン1個、ファスナー飾り・ファスナー端布・くるみ布10×20cm、両面接着シート適宜

[作り方]
1 パッチワークをしてふた表布を作り、キルト綿と当て布を重ねてキルティングをする。パイピング(コード入り)をはさんで裏布と中表に縫い、表に返してマグネットボタンを縫い止める。
2 本体を作り、キルティングをする。
3 本体の袋口にファスナーを、後側にふたをつける。
4 まち・ショルダーを作る。
5 本体とまち・ショルダーを外表に合わせ、間にDカンを通したタブをはさんでコの字とじで縫い合わせる。マグネットボタンをつける。

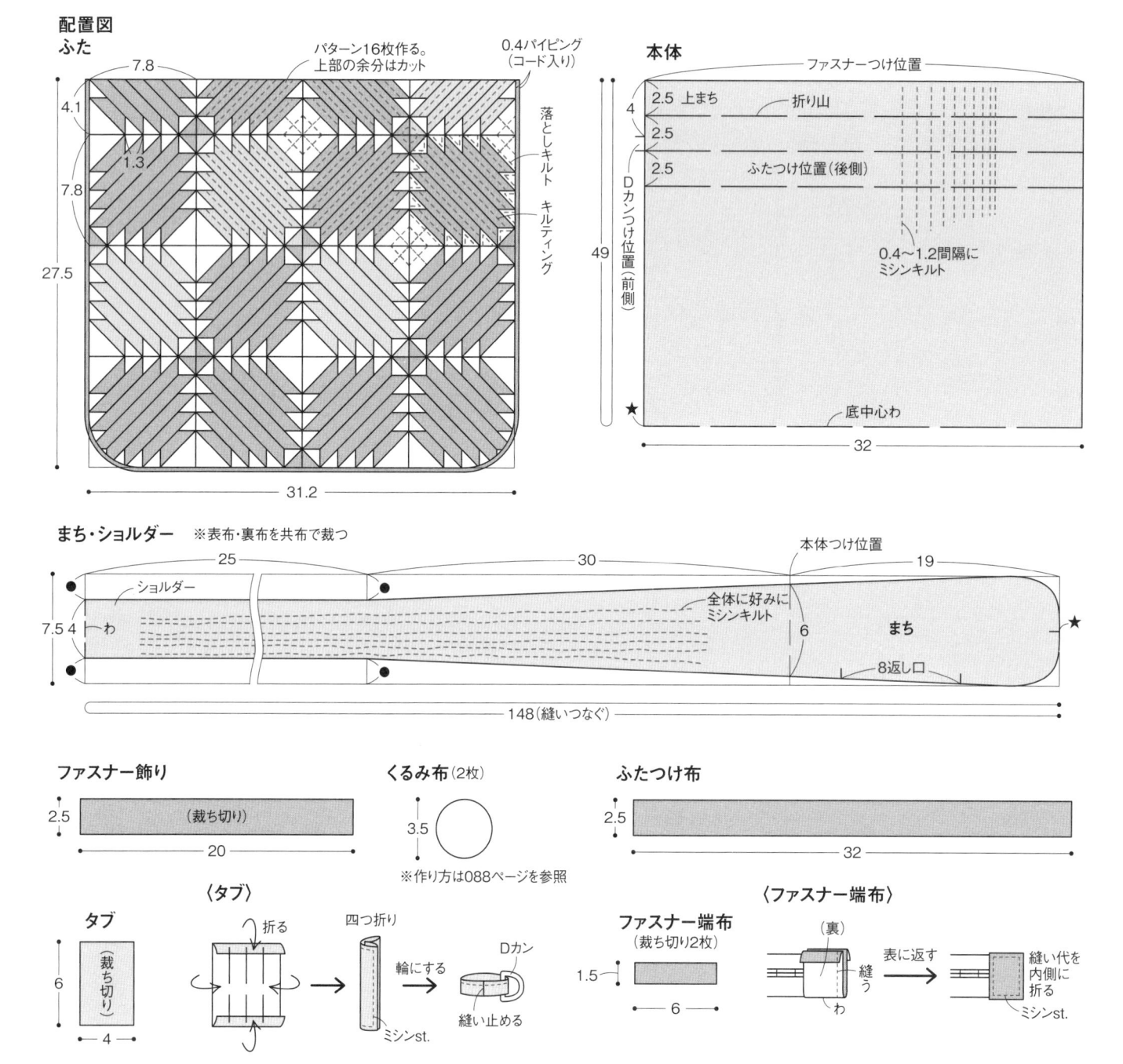

配置図
ふた
パターン16枚作る。上部の余分はカット
0.4パイピング(コード入り)
落としキルト　キルティング
7.8　4.1　1.3　7.8　27.5　31.2

本体
ファスナーつけ位置
2.5 上まち　折り山
4　2.5　2.5
ふたつけ位置(後側)
0.4〜1.2間隔にミシンキルト
Dカンつけ位置(前側)
49　底中心わ　32

まち・ショルダー ※表布・裏布を共布で裁つ
ショルダー　25　30　19
本体つけ位置
全体に好みにミシンキルト
7.5　4　わ　6　まち
8返し口
148(縫いつなぐ)

ファスナー飾り
2.5 (裁ち切り) 20

くるみ布(2枚)
3.5
※作り方は088ページを参照

ふたつけ布
2.5　32

タブ
(裁ち切り)　6　4

〈タブ〉
折る → 四つ折り → 輪にする → Dカン
ミシンst.　縫い止める

ファスナー端布
(裁ち切り2枚)
1.5　6

〈ファスナー端布〉
(裏)　縫う　わ → 表に返す → 縫い代を内側に折る　ミシンst.

090

〈ふた〉

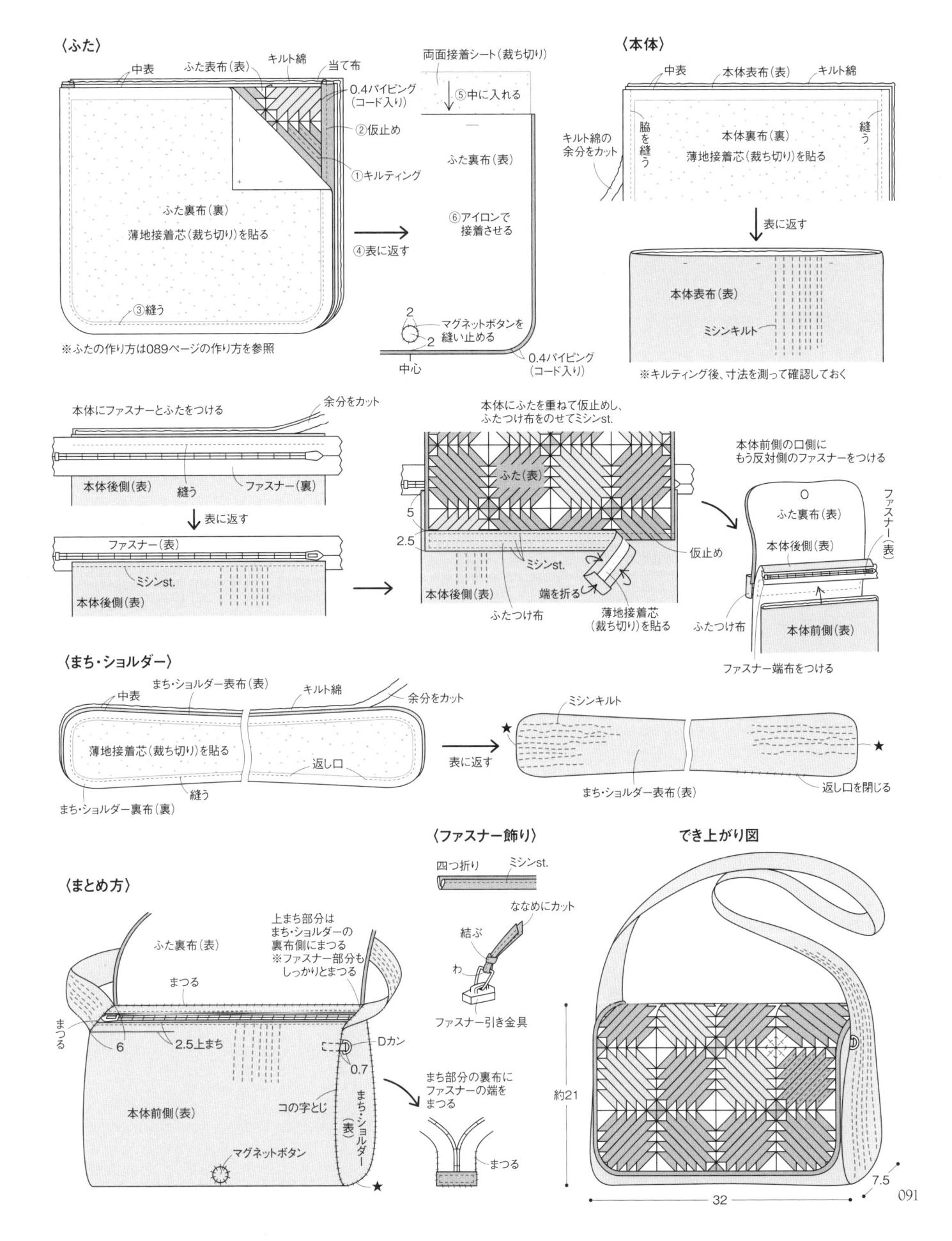

- 中表
- ふた表布(表)
- キルト綿
- 当て布
- 0.4パイピング(コード入り)
- ②仮止め
- ①キルティング
- ふた裏布(裏)
- 薄地接着芯(裁ち切り)を貼る
- ③縫う
- 両面接着シート(裁ち切り)
- ⑤中に入れる
- ふた裏布(表)
- ④表に返す
- ⑥アイロンで接着させる
- マグネットボタンを縫い止める
- 中心
- 0.4パイピング(コード入り)

※ふたの作り方は089ページの作り方を参照

〈本体〉

- 中表
- 本体表布(表)
- キルト綿
- 脇を縫う
- キルト綿の余分をカット
- 縫う
- 本体裏布(裏)
- 薄地接着芯(裁ち切り)を貼る
- 表に返す
- 本体表布(表)
- ミシンキルト

※キルティング後、寸法を測って確認しておく

本体にファスナーとふたをつける

- 余分をカット
- 本体後側(表)
- 縫う
- ファスナー(裏)
- 表に返す
- ファスナー(表)
- ミシンst.
- 本体後側(表)

本体にふたを重ねて仮止めし、ふたつけ布をのせてミシンst.

- ふた(表)
- 5
- 2.5
- ミシンst.
- 本体後側(表)
- ふたつけ布
- 端を折る
- 仮止め
- 薄地接着芯(裁ち切り)を貼る

本体前側の口側にもう反対側のファスナーをつける

- ふた裏布(表)
- ファスナー(表)
- 本体後側(表)
- ふたつけ布
- 本体前側(表)
- ファスナー端布をつける

〈まち・ショルダー〉

- 中表
- まち・ショルダー表布(表)
- キルト綿
- 余分をカット
- 薄地接着芯(裁ち切り)を貼る
- 返し口
- 縫う
- まち・ショルダー裏布(裏)
- 表に返す
- ミシンキルト
- ★
- まち・ショルダー表布(表)
- 返し口を閉じる

〈ファスナー飾り〉

- 四つ折り
- ミシンst.
- ななめにカット
- 結ぶ
- わ
- ファスナー引き金具

〈まとめ方〉

- ふた裏布(表)
- まつる
- 上まち部分はまち・ショルダーの裏布側にまつる
- ※ファスナー部分もしっかりとまつる
- まつる
- 6
- 2.5上まち
- Dカン
- 0.7
- まち・ショルダー(表)
- コの字とじ
- 本体前側(表)
- マグネットボタン
- まち部分の裏布にファスナーの端をまつる
- まつる

でき上がり図

- 約21
- 32
- 7.5

091

15 四角つなぎのペンケース ……… p.031

[材料]
パッチワーク用布…スクラップ布を使用（底・ファスナー端布を含む）、中袋・当て布・キルト綿各30×20cm、23cm丈ファスナー1本、幅18cmワイヤー口金一組

[作り方]
1. パッチワークをして本体表布を作り、当て布とキルト綿を重ねてキルティングをする。二つ折りにし、中表に合わせて両脇を縫い、まちを作り、あき口を始末する。
2. 本体にファスナーをつける。
3. 中袋を作る。
4. 本体と中袋を中表に合わせ、返し口を残して袋口を縫う。表に返してワイヤー通しを作る。
5. ワイヤー口金を通し、あき口をすくいとじで閉じる。
6. ファスナー端布をファスナーの両端に縫いつける。

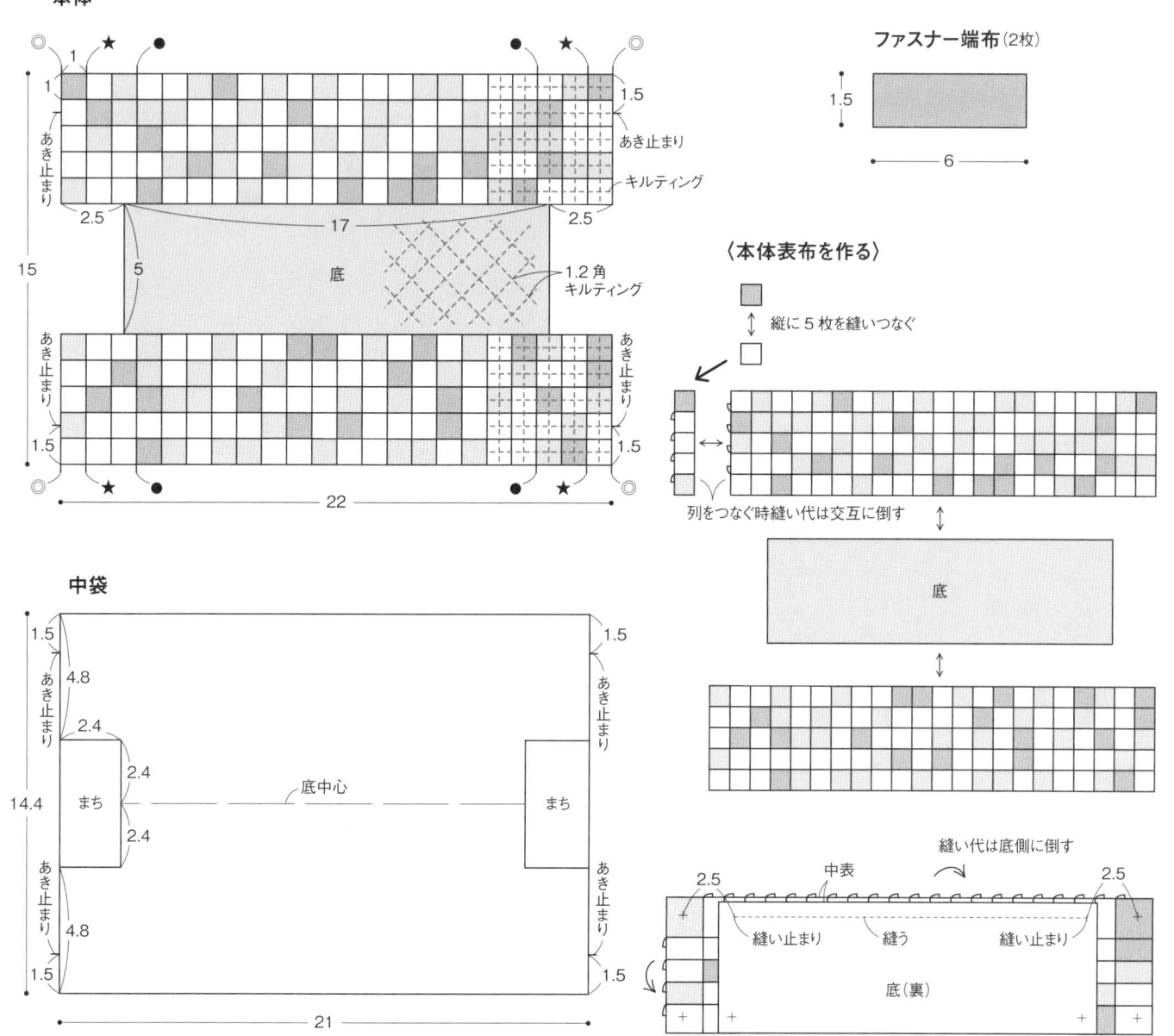

093

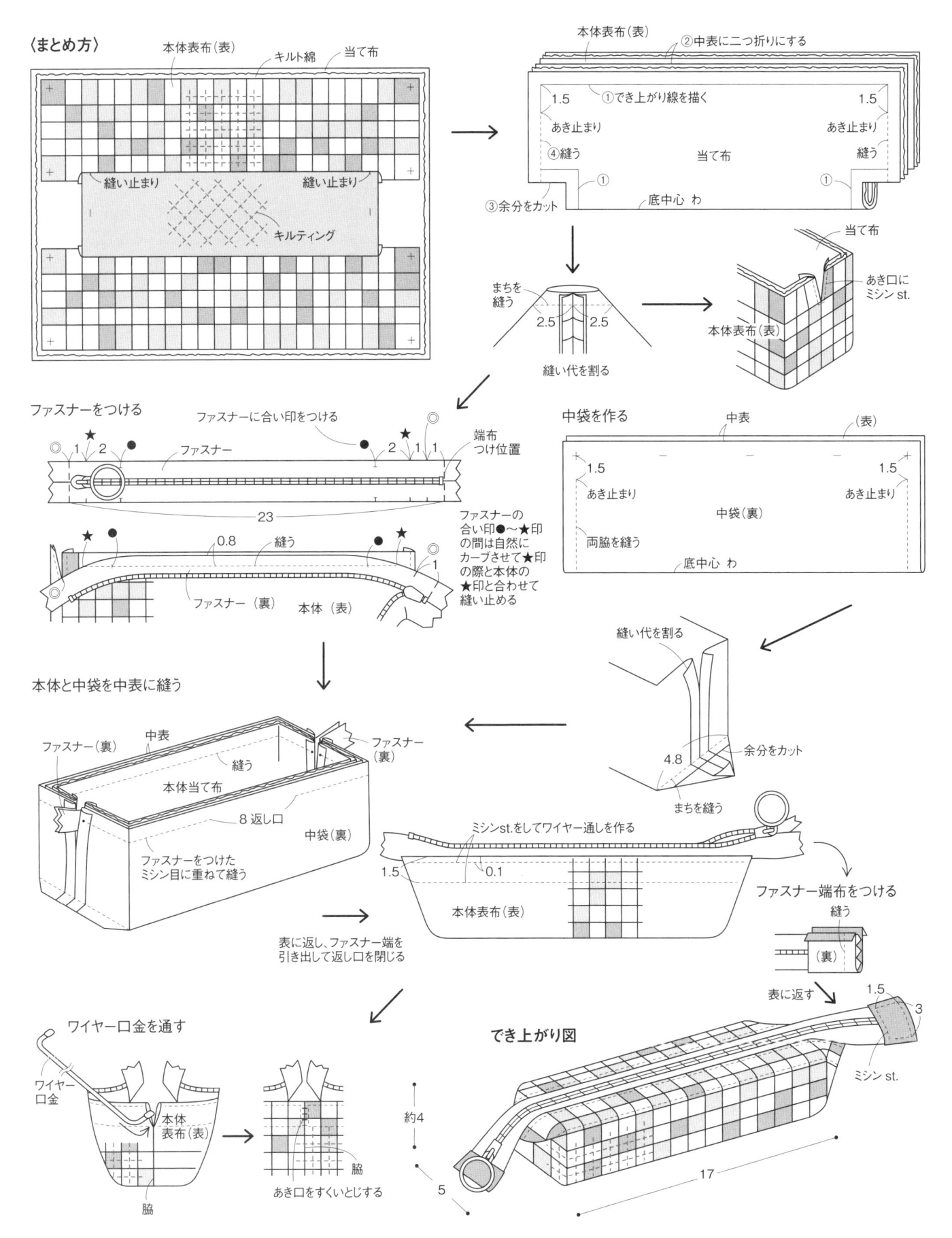

16 ころんとしたポシェット ····· p.032　実物大型紙　巻末B面

[材料]
パッチワーク用布…スクラップ布を使用、裏布・キルト綿各60×30cm、バインディング（バイアス）…黒先染めストライプ3.5×50cm、縫い代始末用バイアス布2.5×60cm、幅0.5cmコード2種各10cm、直径0.3cm丸コード8cm、幅2.5cmテープ150cm、直径2cmボタン1個、ナスカン2個、ベルト送り1個、薄地接着芯適宜

[作り方]
1 パッチワークをして前側A・B、後側C・D表布を作り、それぞれにキルト綿と中央の縫い代を多めに裁った裏布を重ねてキルティングをし、前側A・B、後側C・Dを作る。
2 前側AとB、後側CとDを中表に合わせて中央側を縫い、縫い代を多めに裁った裏布でくるんで始末する。
3 前側と後側を中表に合わせ、丸コードをはさんで袋口を残して周囲を縫う。縫い代を縫い代始末用バイアス布で始末する。
4 表に返して袋口をバインディングする。
5 前側にボタンと丸コードを縫い止める。
6 ショルダーを作り、丸コードに引っ掛ける。

配置図
※中央側裏布の縫い代を多めに裁つ

前側A — 23 × 11、コードつけ位置、0.5、落としキルト、柄に合わせてキルティング

前側B — 23 × 11、コードつけ位置、0.5

後側C — 23.5 × 11

後側D — 23.5 × 11

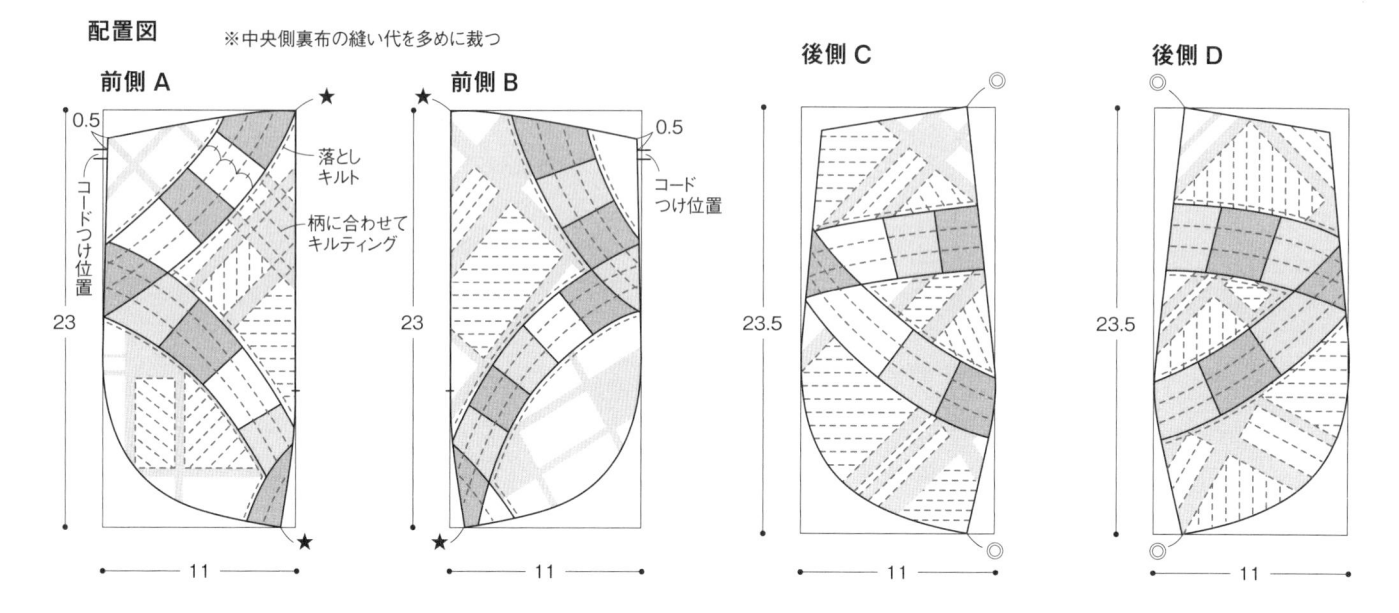

〈各パーツを作る〉

型紙に数字を書き、縫い代をつけて布をカットする

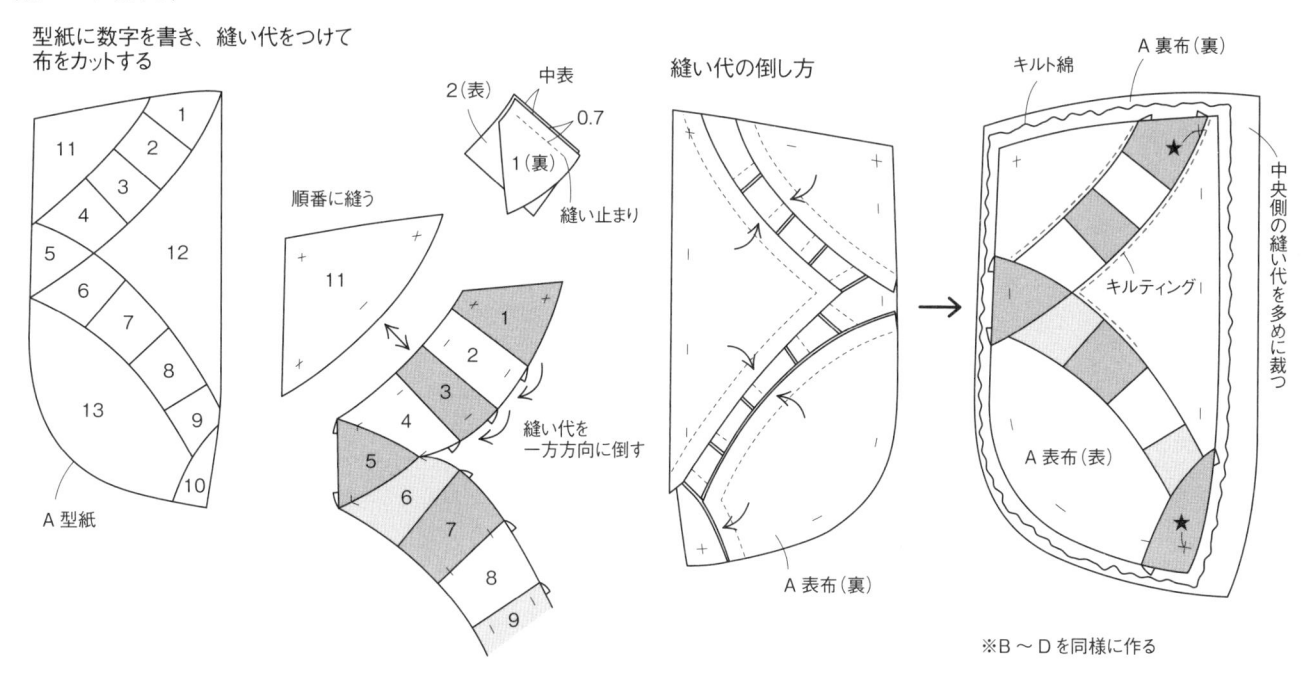

A型紙（1〜13）

順番に縫う
中表　2(表)　0.7　1(裏)　縫い止まり
縫い代を一方方向に倒す

縫い代の倒し方
A表布(裏)

キルト綿　A裏布(裏)　キルティング　A表布(表)
中央側の縫い代を多めに裁つ

※B〜Dを同様に作る

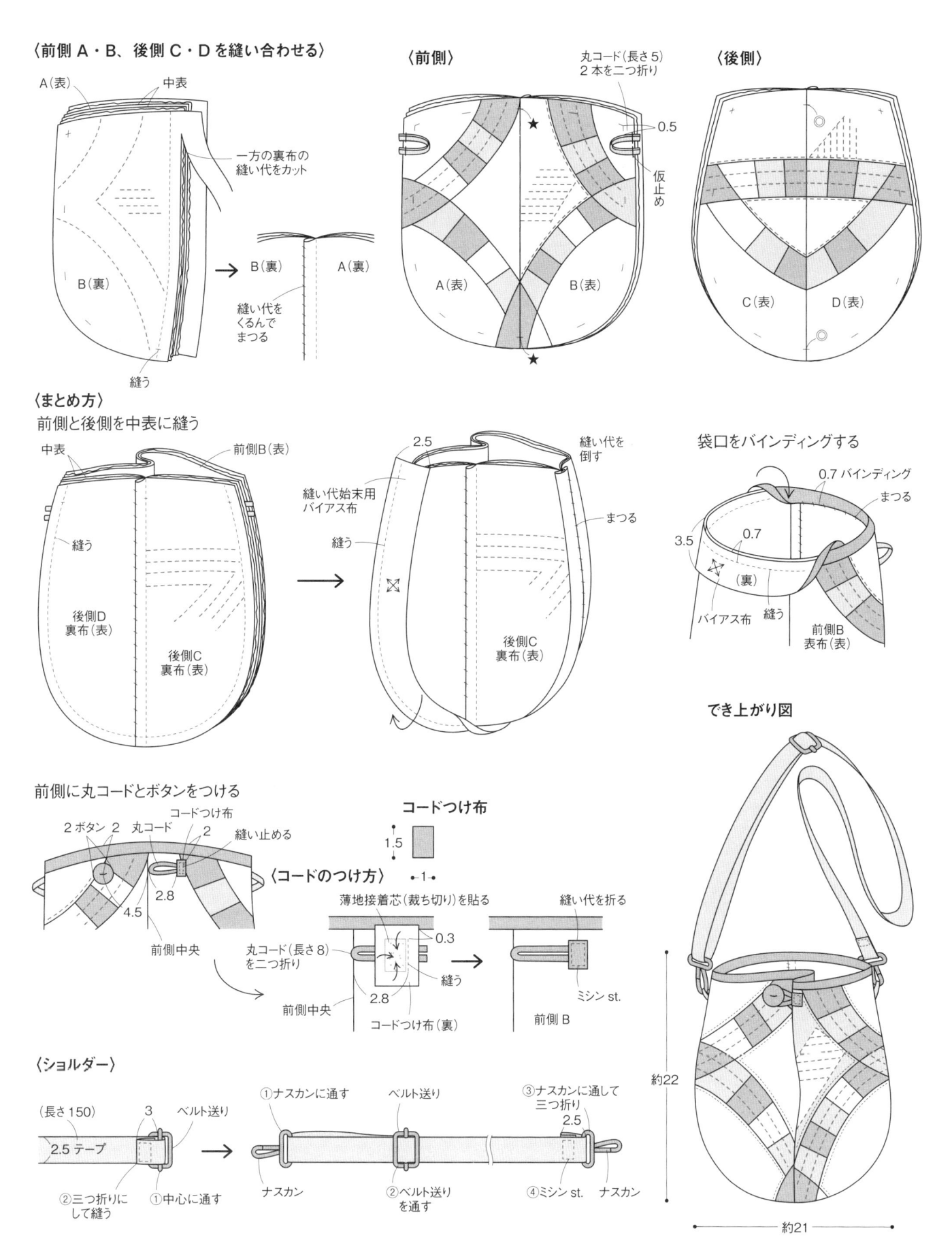

〈前側A・B、後側C・Dを縫い合わせる〉

A(表) 中表
B(裏)
一方の裏布の縫い代をカット
縫う
B(裏) A(裏)
縫い代をくるんでまつる

〈前側〉
丸コード(長さ5) 2本を二つ折り
0.5
仮止め
★
A(表) B(表)
★

〈後側〉
C(表) D(表)

〈まとめ方〉
前側と後側を中表に縫う

中表
前側B(表)
縫う
後側D 裏布(表)
後側C 裏布(表)

2.5
縫い代を倒す
縫い代始末用バイアス布
縫う
まつる
後側C 裏布(表)

袋口をバインディングする
0.7 バインディング
まつる
3.5 0.7
バイアス布 縫う
(裏)
前側B 表布(表)

前側に丸コードとボタンをつける
2 ボタン 2 丸コード 2 縫い止める
コードつけ布
2.8
4.5
前側中央

コードつけ布
1.5
1

〈コードのつけ方〉
薄地接着芯(裁ち切り)を貼る
縫い代を折る
0.3
丸コード(長さ8)を二つ折り
2.8 縫う
前側中央 コードつけ布(裏)
ミシンst.
前側B

でき上がり図
約22
約21

〈ショルダー〉
(長さ150) 3 ベルト送り
2.5 テープ
②三つ折りにして縫う
①中心に通す

①ナスカンに通す
ベルト送り
③ナスカンに通して三つ折り
2.5
ナスカン
②ベルト送りを通す
④ミシンst. ナスカン

095

17 ティーコゼ 花のある家 ...... p.034　1/2縮尺型紙　巻末B面

[材料]
土台布…グレー系プリント75×30cm、パッチワーク・アップリケ用布…スクラップ布を使用（タブを含む）、裏布・キルト綿各75×35cm、25番刺しゅう糸各色・薄地接着芯各適宜

[作り方]
1 土台布にアップリケと刺しゅうをし、屋根、下側をパッチワークして本体A表布を作る。
2 本体A表布と裏布を中表に合わせ、キルト綿を重ねて返し口を残して縫う。表に返して返し口を閉じ、キルティングをする。
3 本体Bを本体Aと同様に2枚作る。
4 本体AとB2枚をそれぞれ外表に合わせ、コの字とじをして端ミシンをかける。
5 タブを作り、二つ折りにしてトップにまつりつける。

配置図

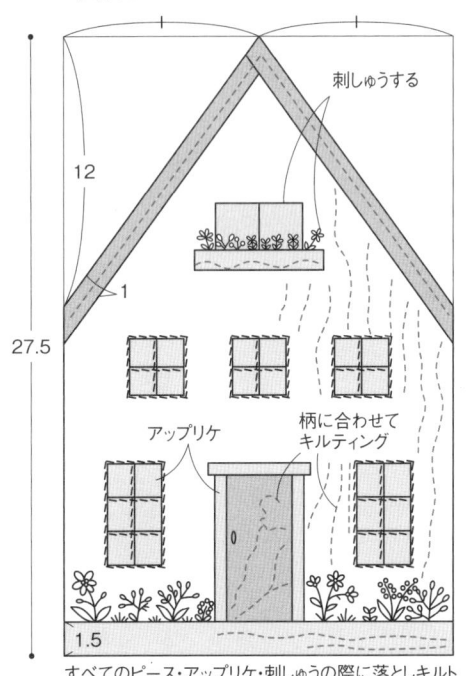

本体A（1枚）
- 12
- 1
- 27.5
- 刺しゅうする
- アップリケ
- 柄に合わせてキルティング
- 1.5
- 18
- すべてのピース・アップリケ・刺しゅうの際に落としキルト

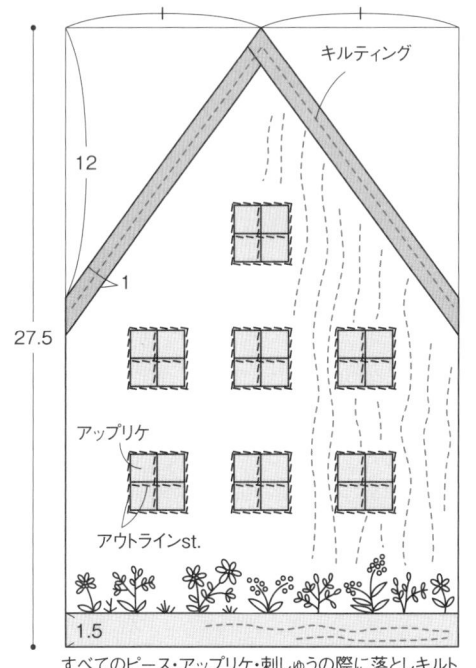

本体B（2枚）
- 12
- 1
- 27.5
- キルティング
- アップリケ
- アウトラインst.
- 1.5
- 18
- すべてのピース・アップリケ・刺しゅうの際に落としキルト

タブ
- 7
- 折り山
- 3

〈アウトラインステッチ〉

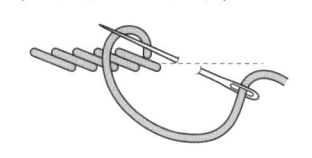

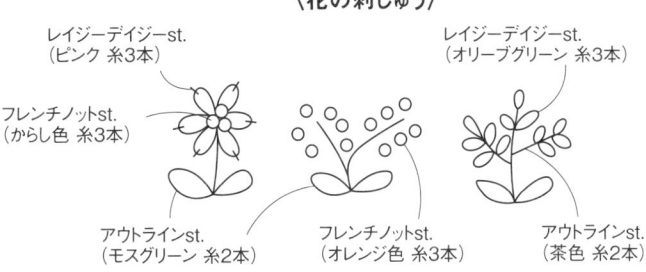

〈花の刺しゅう〉
- レイジーデイジーst.（ピンク 糸3本）
- フレンチノットst.（からし色 糸3本）
- アウトラインst.（モスグリーン 糸2本）
- レイジーデイジーst.（オリーブグリーン 糸3本）
- フレンチノットst.（オレンジ色 糸3本）
- アウトラインst.（茶色 糸2本）

〈フレンチノットステッチ〉
2入　1出　1回巻き

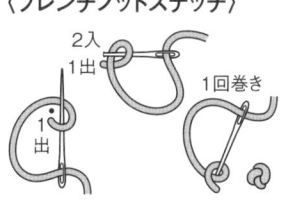

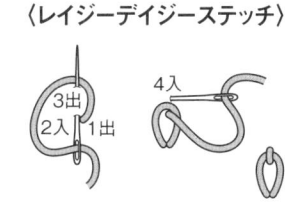

〈レイジーデイジーステッチ〉
3出　2入　1出　4入

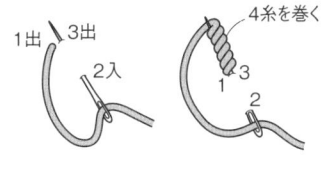

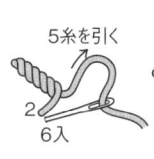

〈バリオンステッチ〉
1出　3出　2入　4糸を巻く　5糸を引く　6入

〈まとめ方〉

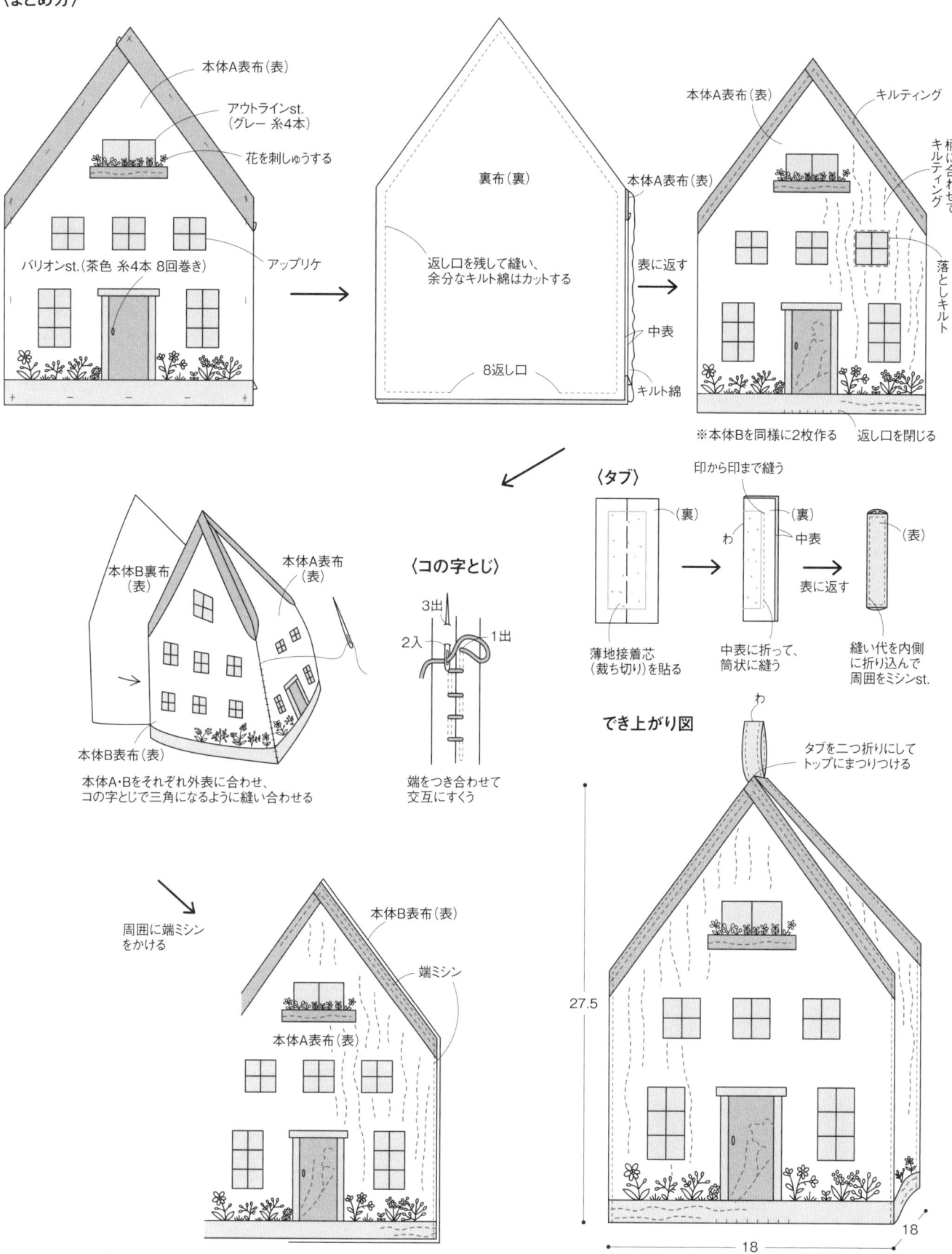

- 本体A表布(表)
- アウトラインst.（グレー 糸4本）
- 花を刺しゅうする
- バリオンst.(茶色 糸4本 8回巻き)
- アップリケ

- 裏布(裏)
- 返し口を残して縫い、余分なキルト綿はカットする
- 本体A表布(表)
- 表に返す
- 中表
- キルト綿
- ⑧返し口

- 本体A表布(表)
- キルティング
- 柄に合わせてキルティング
- 落としキルト
- ※本体Bを同様に2枚作る
- 返し口を閉じる

- 本体B裏布(表)
- 本体A表布(表)
- 本体B表布(表)
- 本体A・Bをそれぞれ外表に合わせ、コの字とじで三角になるように縫い合わせる

〈コの字とじ〉
- 3出
- 2入
- 1出
- 端をつき合わせて交互にすくう

〈タブ〉
- 薄地接着芯（裁ち切り）を貼る
- 印から印まで縫う
- (裏)
- 中表に折って、筒状に縫う
- わ
- 中表
- (裏)
- 表に返す
- (表)
- 縫い代を内側に折り込んで周囲をミシンst.

- 周囲に端ミシンをかける
- 本体B表布(表)
- 端ミシン
- 本体A表布(表)

でき上がり図
- タブを二つ折りにしてトップにまつりつける
- わ
- 27.5
- 18
- 18

18・19 家型ティーマット1、2 .... p.034　1/2縮尺型紙　巻末B面

[材料] *一点分
土台布・パッチワーク・アップリケ用布…スクラップ布を使用、裏布・薄地キルト綿各45×35cm、25番刺しゅう糸各色適宜

[作り方] *共通
1 土台布にアップリケと刺しゅうをし、屋根と下側をパッチワークして表布を作る。
2 表布と裏布を中表に合わせ、キルト綿を重ねて返し口を残して周囲を縫う。
※No.18の裏布は対称に裁つ。
3 表に返して返し口を閉じ、キルティングをする。

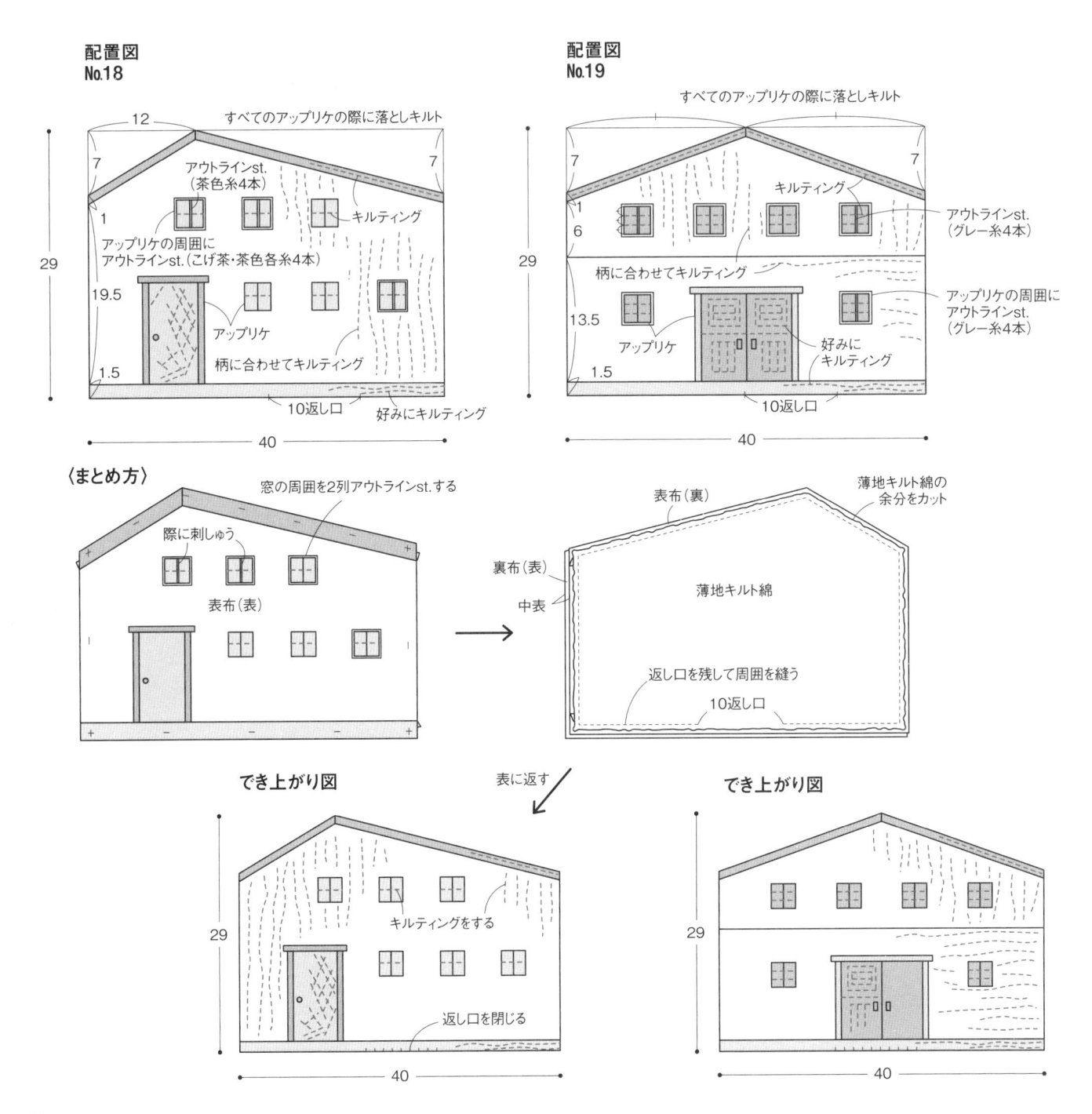

配置図 No.18

- すべてのアップリケの際に落としキルト
- 12
- 7／7
- 1
- アウトラインst.（茶色糸4本）
- キルティング
- アップリケの周囲にアウトラインst.（こげ茶・茶色各糸4本）
- 29
- 19.5
- アップリケ
- 柄に合わせてキルティング
- 1.5
- 10 返し口　好みにキルティング
- 40

配置図 No.19

- すべてのアップリケの際に落としキルト
- 7／7
- 1
- 6
- キルティング
- アウトラインst.（グレー糸4本）
- 柄に合わせてキルティング
- 29
- 13.5
- アップリケ
- 好みにキルティング
- アップリケの周囲にアウトラインst.（グレー糸4本）
- 1.5
- 10 返し口
- 40

〈まとめ方〉

窓の周囲を2列アウトラインst.する
際に刺しゅう
表布（表）

→

- 表布（裏）
- 薄地キルト綿の余分をカット
- 裏布（表）
- 中表
- 薄地キルト綿
- 返し口を残して周囲を縫う
- 10 返し口

表に返す

でき上がり図
- 29
- キルティングをする
- 返し口を閉じる
- 40

でき上がり図
- 29
- 40

20 街並みのテーブルクロス p.034 縮尺型紙 巻末B面

[材料]
土台布…グレー先染めチェック110×110cm、アップリケ用布…先染めを含むグレー系のスクラップ布を使用、バインディング…先染め3.5×470cm、25番刺しゅう糸グレー適宜

[作り方]
1 土台布にアップリケと刺しゅうをする。
2 ハウスのアップリケの周囲にミシンステッチをかける。
3 周囲をバインディングする。

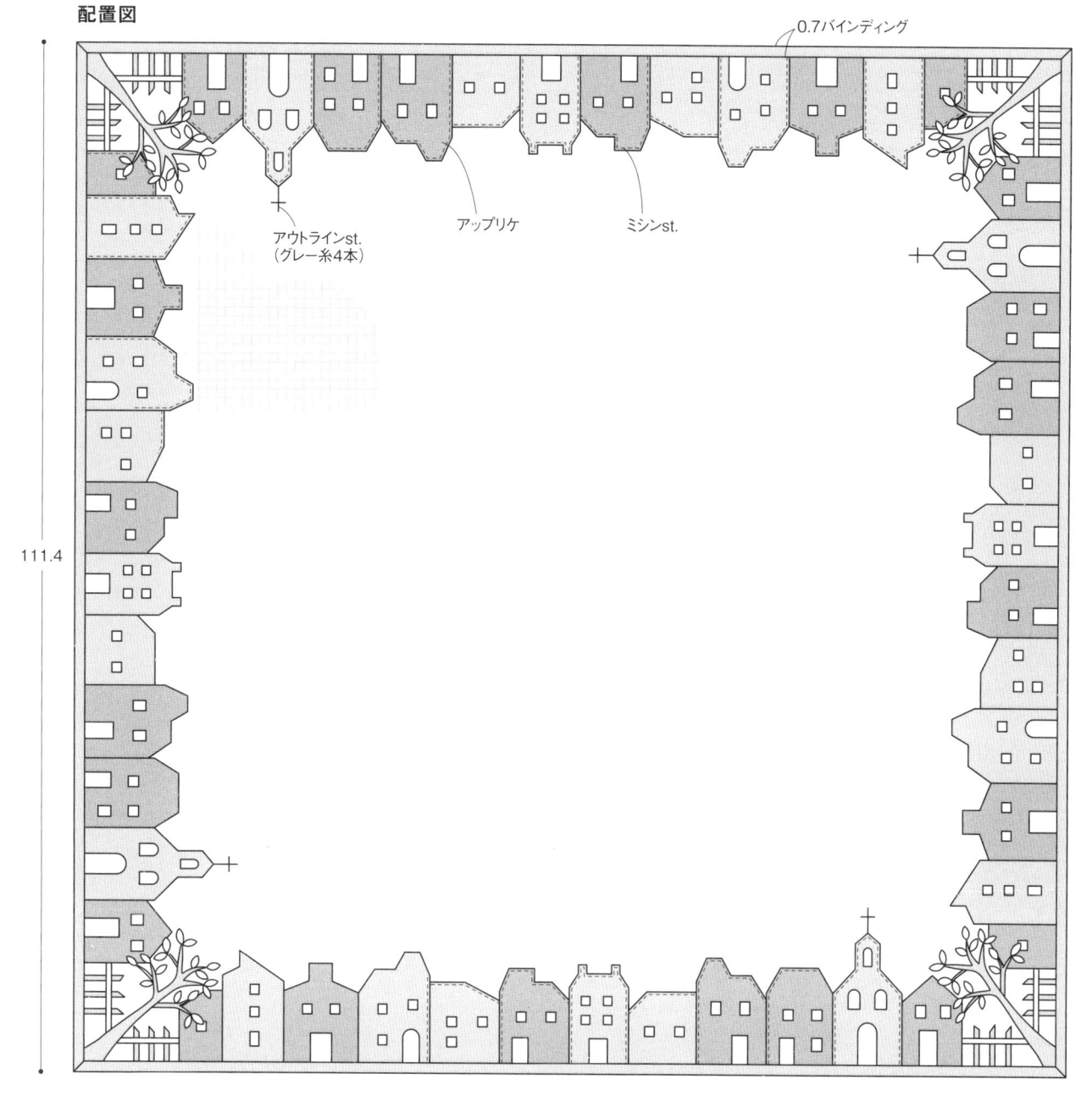

配置図

0.7バインディング
アウトラインst.(グレー糸4本)
アップリケ
ミシンst.
111.4
111.4

21・22　布箱1、2　……… p.036

[材料] *一点分
パッチワーク・アップリケ用布…スクラップ布を使用(底・タブを含む)、裏布・キルト綿各50×40cm、パイピング(コード入り)…芯用丸コード直径0.3×70cm・先染め(バイアス)2.5×70cm、縫い代始末用バイアス布2.5×70cm、厚地接着芯13×20cm、薄地接着芯適宜

[作り方] *21共通
1 図を参照してパッチワークをし、前・後側と側面表布2枚を作り、底と縫い合わせて本体表布を作る。キルト綿と裏布を重ねてキルティングをする。
2 本体の底の寸法を測り直し、底の内側に内底を縫う。
3 脇を4か所中表に縫い、縫い代を始末する。
4 図のように入れ口にパイピング(コード入り)を縫い止め、縫い代を縫い代始末用バイアス布で始末する。
5 タブを作り、前側に縫い止める。

配置図
No.22 前・後側

No.22 側面(2枚)

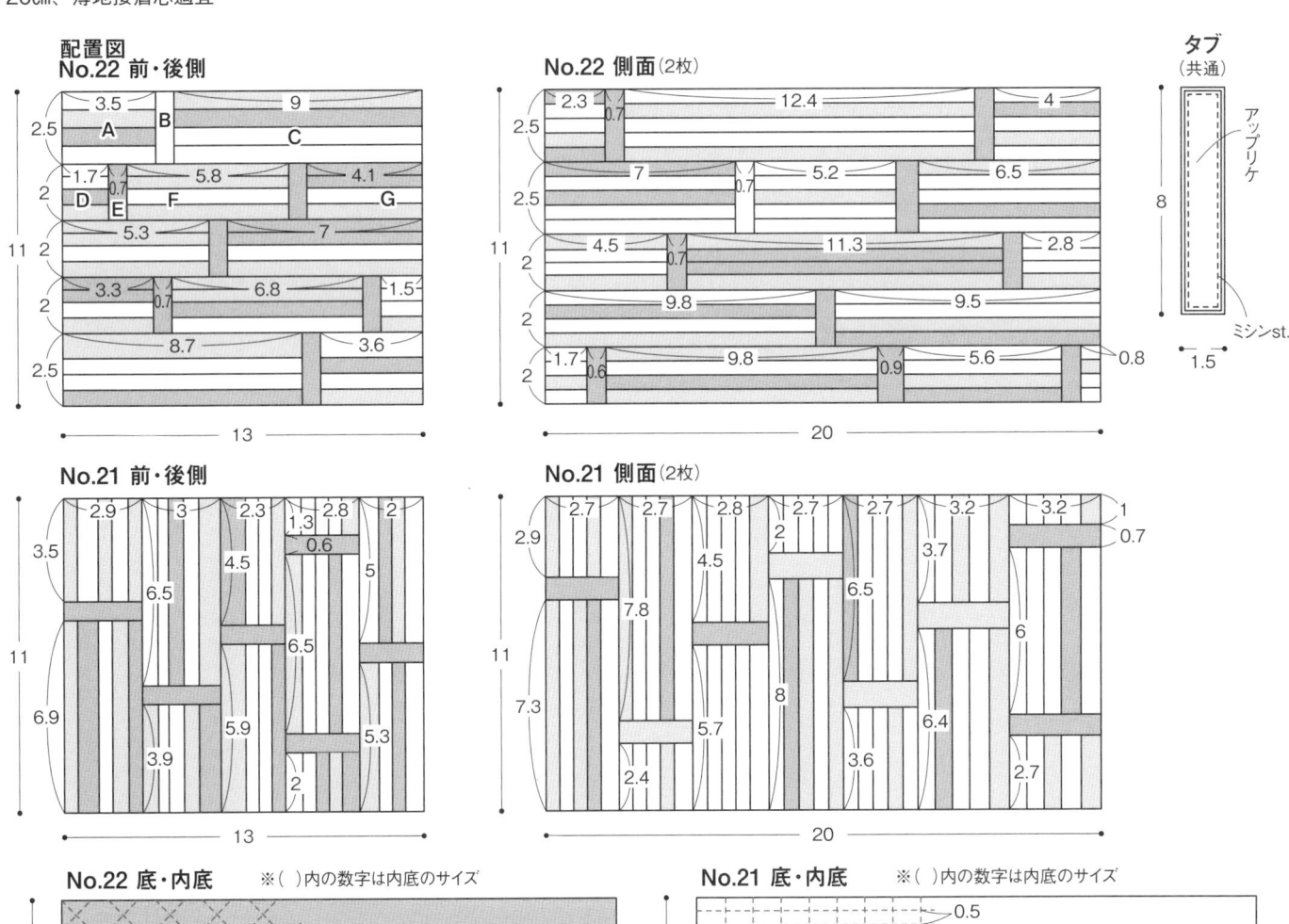

タブ(共通)

No.21 前・後側

No.21 側面(2枚)

No.22 底・内底　※( )内の数字は内底のサイズ
1角キルティング
※内底のサイズは底のキルティング後、測り直して底のサイズより0.5小さめに裁つ

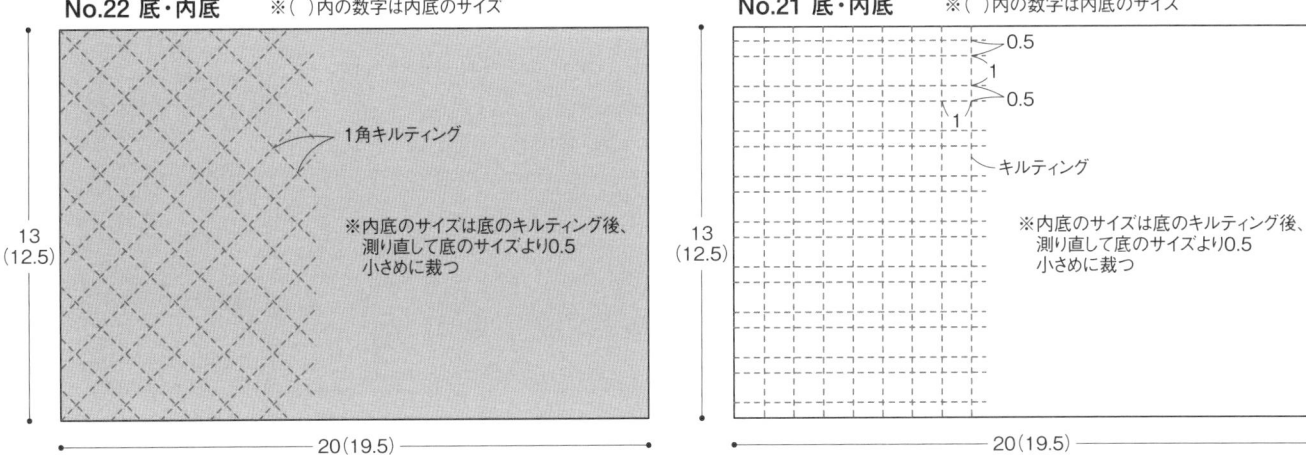

No.21 底・内底　※( )内の数字は内底のサイズ
キルティング
※内底のサイズは底のキルティング後、測り直して底のサイズより0.5小さめに裁つ

〈ピースワークの仕方〉

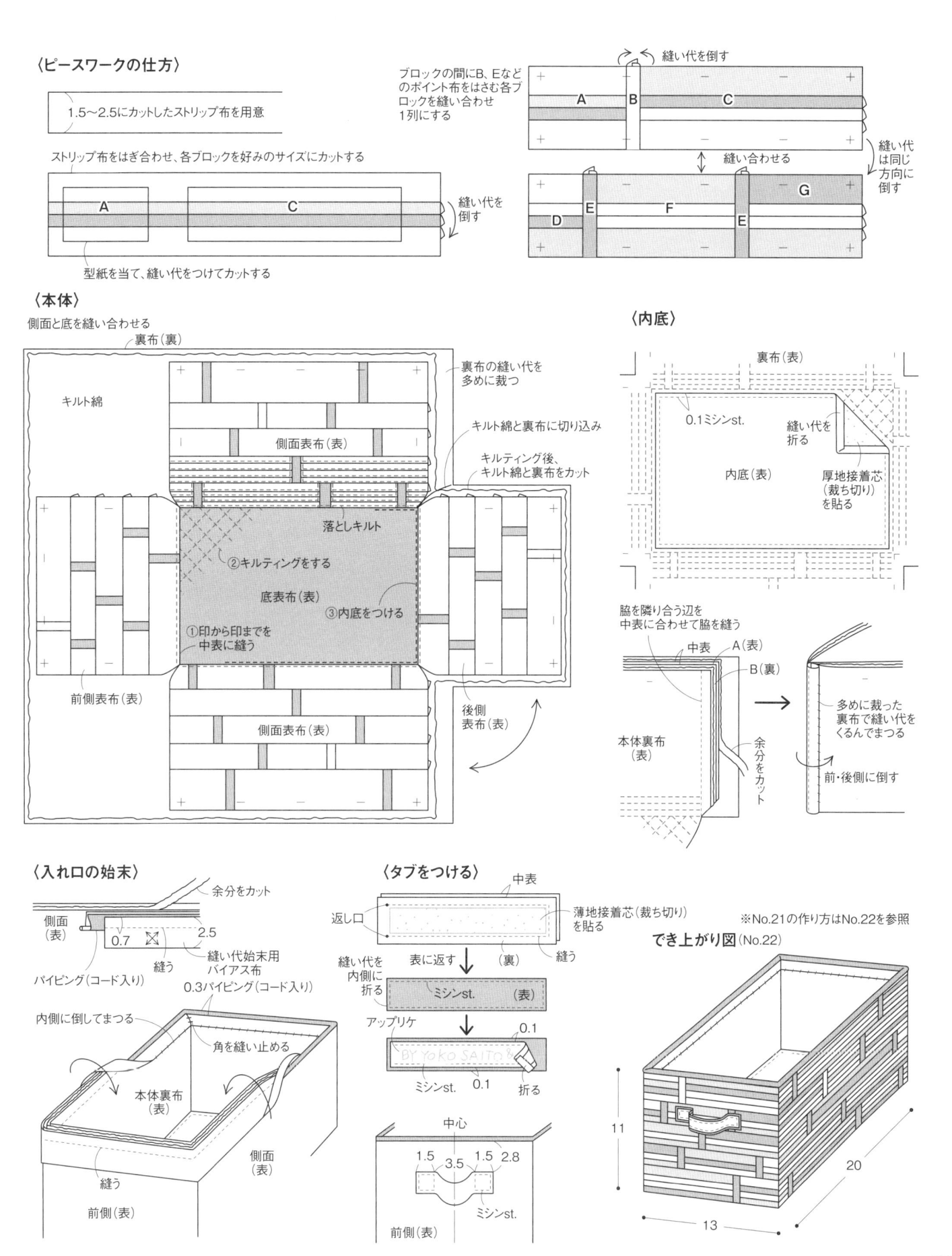

1.5～2.5にカットしたストリップ布を用意

ストリップ布をはぎ合わせ、各ブロックを好みのサイズにカットする

縫い代を倒す

型紙を当て、縫い代をつけてカットする

ブロックの間にB、Eなどのポイント布をはさむ各ブロックを縫い合わせ1列にする

縫い代を倒す

縫い合わせる

縫い代は同じ方向に倒す

〈本体〉

側面と底を縫い合わせる

裏布(裏)
キルト綿
側面表布(表)
裏布の縫い代を多めに裁つ
キルト綿と裏布に切り込み
キルティング後、キルト綿と裏布をカット
落としキルト
②キルティングをする
底表布(表)
③内底をつける
①印から印までを中表に縫う
前側表布(表)
側面表布(表)
後側表布(表)

〈内底〉

裏布(表)
0.1ミシンst.
内底(表)
縫い代を折る
厚地接着芯(裁ち切り)を貼る

脇を隣り合う辺を中表に合わせて脇を縫う

中表 A(表)
B(裏)
本体裏布(表)
余分をカット

多めに裁った裏布で縫い代をくるんでまつる
前・後側に倒す

〈入れ口の始末〉

余分をカット
側面(表)
0.7 2.5
縫う
パイピング(コード入り)
縫い代始末用バイアス布
0.3パイピング(コード入り)

内側に倒してまつる
角を縫い止める
本体裏布(表)
側面(表)
縫う
前側(表)

〈タブをつける〉

中表
返し口
薄地接着芯(裁ち切り)を貼る
縫う
縫い代を内側に折る
表に返す
ミシンst. (表)
アップリケ
0.1
折る
ミシンst. 0.1

中心
1.5 3.5 1.5 2.8
ミシンst.
前側(表)

※No.21の作り方はNo.22を参照

でき上がり図(No.22)

11
20
13

23 はさみ入れ　p.038　実物大型紙　巻末B面

[材料]
土台布…茶色チェックネル(上・下まちを含む)50×50cm、アップリケ用布…スクラップ布を使用(タブを含む)、裏布・キルト綿各50×50cm、厚地接着芯30×15cm、縫い代始末用バイアス布2.5×130cm、幅1.5cmテープ2種各40cm、20cm丈ファスナー1本、25番刺しゅう糸各色・薄地接着芯各適宜

[作り方]
1 土台布にアップリケ、刺しゅうをして前側A・B表布を作り、それぞれにキルト綿と裏布を重ねてキルティングをする。中表に縫い合わせ、縫い代を始末し、前側を作る。
2 後側を同様にして作る。
3 上まちにファスナーをつける。
4 上まちと下まちを中表に縫い合わせて輪にしてキルティングをする。
5 持ち手を2枚作り、前・後側に仮止めする。
6 前・後側と上・下まちを中表に合わせて周囲を縫い、縫い代を縫い代始末用バイアス布で始末する。

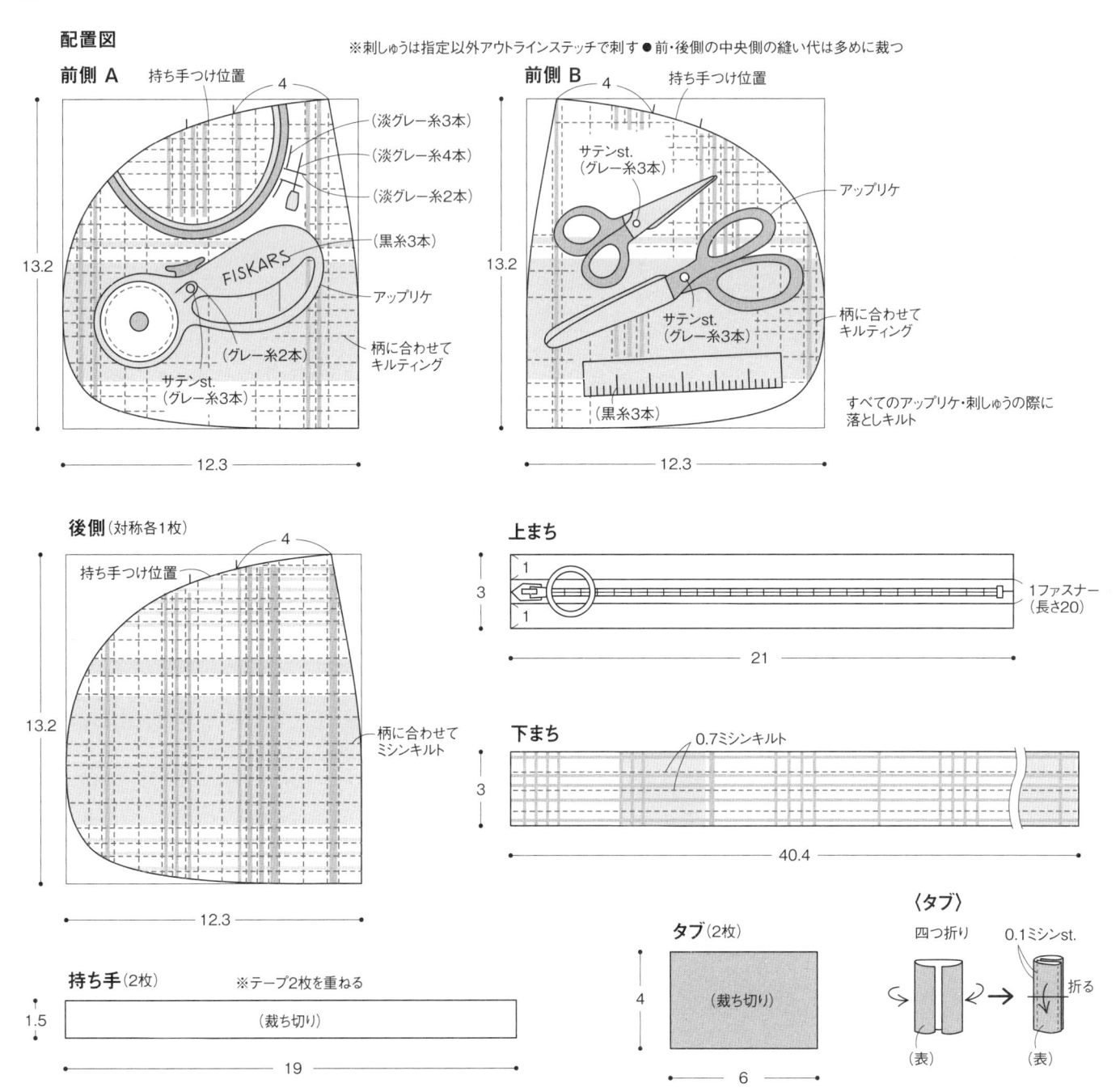

配置図

※刺しゅうは指定以外アウトラインステッチで刺す　●前・後側の中央側の縫い代は多めに裁つ

前側A
- 持ち手つけ位置　4
- (淡グレー糸3本)
- (淡グレー糸4本)
- (淡グレー糸2本)
- (黒糸3本)
- アップリケ
- (グレー糸2本)
- 柄に合わせてキルティング
- サテンst.(グレー糸3本)
- 13.2 × 12.3

前側B
- 持ち手つけ位置　4
- サテンst.(グレー糸3本)
- アップリケ
- サテンst.(グレー糸3本)
- 柄に合わせてキルティング
- (黒糸3本)
- 13.2 × 12.3
- すべてのアップリケ・刺しゅうの際に落としキルト

後側(対称各1枚)
- 持ち手つけ位置　4
- 柄に合わせてミシンキルト
- 13.2 × 12.3

上まち
- 3 × 21
- 1ファスナー(長さ20)

下まち
- 0.7ミシンキルト
- 3 × 40.4

持ち手(2枚)　※テープ2枚を重ねる
- 1.5 × 19 (裁ち切り)

タブ(2枚)
- 4 × 6 (裁ち切り)

〈タブ〉
四つ折り → 0.1ミシンst. 折る
(表)　(表)

〈前側〉

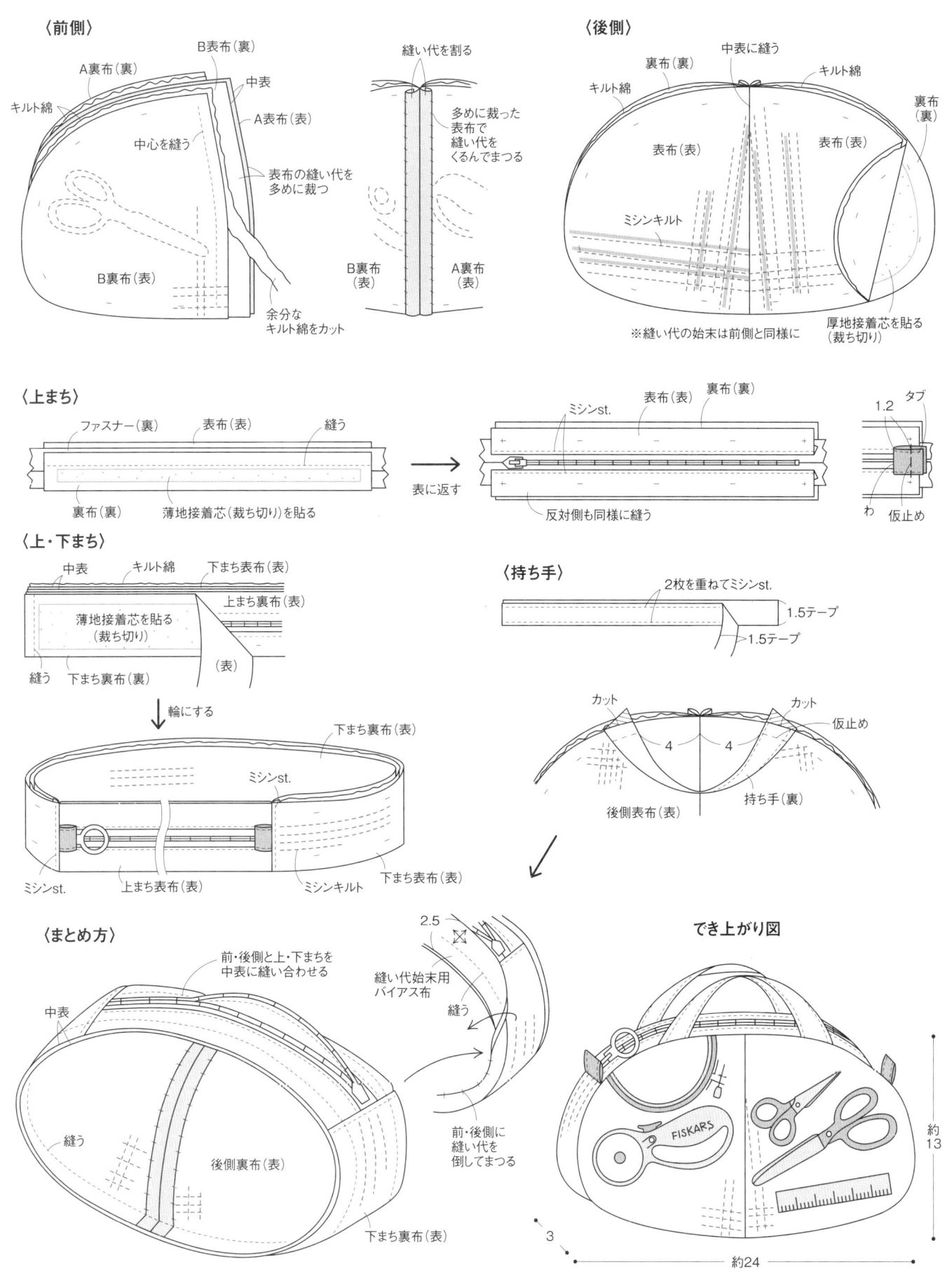

- キルト綿
- A裏布(裏)
- B表布(裏)
- 中表
- A表布(表)
- 中心を縫う
- 表布の縫い代を多めに裁つ
- B裏布(表)
- 余分なキルト綿をカット

- 縫い代を割る
- 多めに裁った表布で縫い代をくるんでまつる
- B裏布(表)
- A裏布(表)

〈後側〉

- キルト綿
- 裏布(裏)
- 中表に縫う
- キルト綿
- 裏布(裏)
- 表布(表)
- 表布(表)
- ミシンキルト
- 厚地接着芯を貼る(裁ち切り)

※縫い代の始末は前側と同様に

〈上まち〉

- ファスナー(裏)
- 表布(表)
- 縫う
- 裏布(裏)
- 薄地接着芯(裁ち切り)を貼る

→表に返す

- ミシンst.
- 表布(表)
- 裏布(裏)
- 反対側も同様に縫う
- 1.2 タブ
- わ
- 仮止め

〈上・下まち〉

- 中表
- キルト綿
- 下まち表布(表)
- 上まち裏布(表)
- 薄地接着芯を貼る(裁ち切り)
- 縫う
- 下まち裏布(裏)
- (表)

↓輪にする

- 下まち裏布(表)
- ミシンst.
- ミシンst.
- 上まち表布(表)
- 下まち表布(表)
- ミシンキルト

〈持ち手〉

- 2枚を重ねてミシンst.
- 1.5テープ
- 1.5テープ

- カット
- カット
- 4　4
- 仮止め
- 後側表布(表)
- 持ち手(裏)

↓

〈まとめ方〉

- 前・後側と上・下まちを中表に縫い合わせる
- 中表
- 縫う
- 後側裏布(表)
- 下まち裏布(表)

- 2.5
- 縫い代始末用バイアス布
- 縫う
- 前・後側に縫い代を倒してまつる

〈でき上がり図〉

約13 × 約24 × 3

103

24 口金の裁縫箱　p.038　実物大型紙　巻末B面

[材料]
パッチワーク・アップリケ用布…スクラップ布を使用、裏布(底内側・ふた内側・内ポケットA・B・C・Dを含む)110×25cm、キルト綿40×30cm、厚地接着芯20×15cm、口金幅15×7cm 1個、ウッドビーズ1個、直径0.1cm丸コード10cm、25番刺しゅう糸各色適宜

[作り方]
1. パッチワーク、アップリケ、刺しゅうをして本体表布を作る。裏布を中表に合わせ、キルト綿を重ねて返し口を残して周囲を縫う。表に返してキルティングをする。
2. 側面を本体同様に作る。
3. 各内ポケットを作り、側面裏布に内ポケットA・Cをまつり止める。
4. 図を参照して、本体裏側に内ポケットDをつけたふた内側を貼り、下部にミシンステッチをする。内ポケットBと底内側をまつり止める。
5. 本体と側面を合わせてコの字とじでつける。
6. 口金をつける。

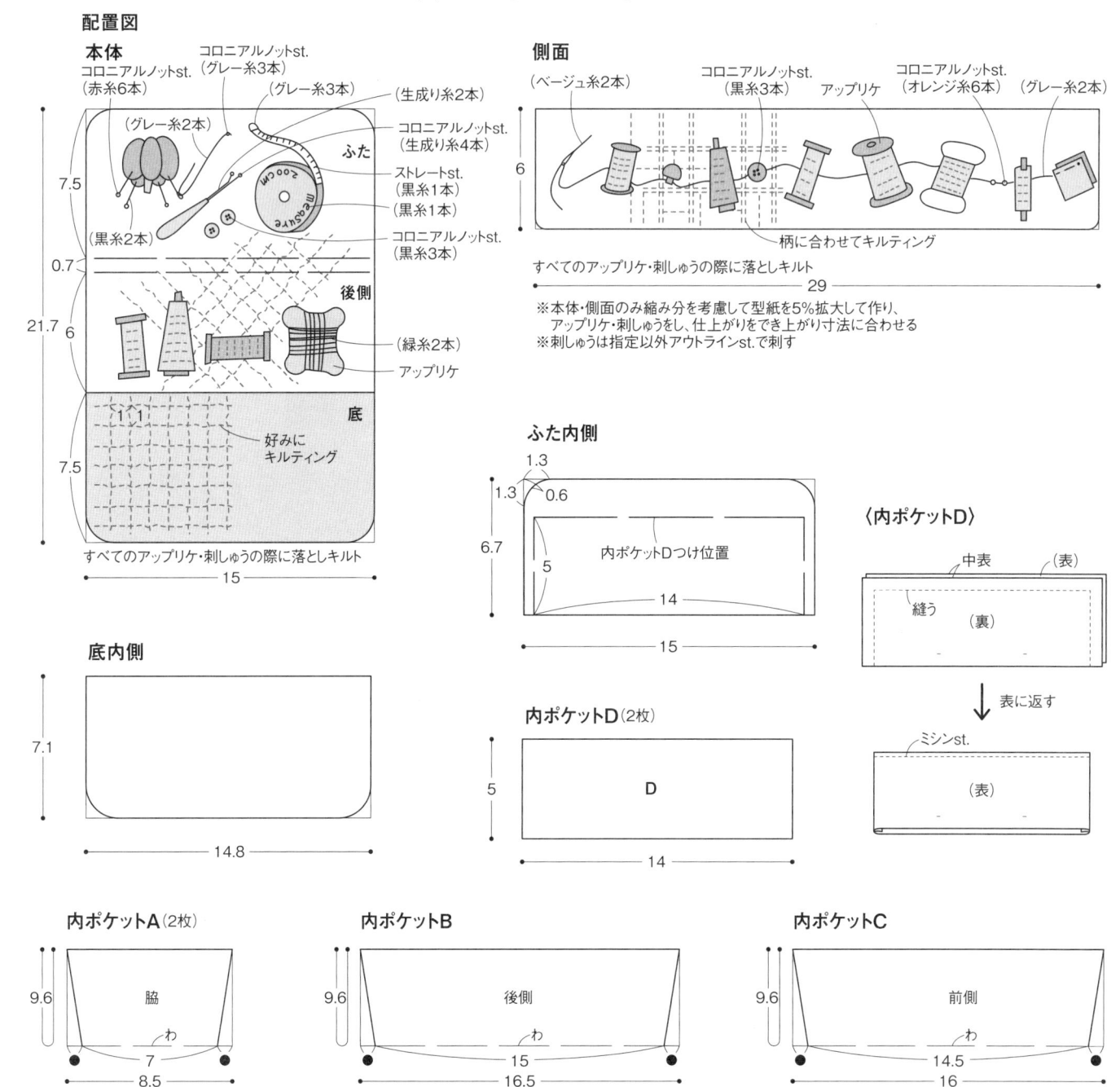

配置図

本体
- コロニアルノットst.(赤糸6本)
- コロニアルノットst.(グレー糸3本)
- (グレー糸2本)
- (黒糸2本)
- (生成り糸2本)
- コロニアルノットst.(生成り糸4本)
- ストレートst.(黒糸1本)
- (黒糸1本)
- コロニアルノットst.(黒糸3本)
- ふた
- 後側
- (緑糸2本)
- アップリケ
- 底
- 好みにキルティング
- すべてのアップリケ・刺しゅうの際に落としキルト
- 7.5 / 0.7 / 6 / 7.5 / 21.7 / 15 / 1 1

側面
- (ベージュ糸2本)
- コロニアルノットst.(黒糸3本)
- アップリケ
- コロニアルノットst.(オレンジ糸6本)
- (グレー糸2本)
- 柄に合わせてキルティング
- すべてのアップリケ・刺しゅうの際に落としキルト
- 6 / 29

※本体・側面のみ縮み分を考慮して型紙を5%拡大して作り、アップリケ・刺しゅうをし、仕上がりをでき上がり寸法に合わせる
※刺しゅうは指定以外アウトラインst.で刺す

ふた内側
- 1.3 / 1.3 / 0.6 / 6.7 / 5 / 14 / 15
- 内ポケットDつけ位置

〈内ポケットD〉
- 中表 / (表) / 縫う / (裏)
- 表に返す
- ミシンst. / (表)

底内側 7.1 × 14.8

内ポケットD(2枚) 5 × 14

内ポケットA(2枚) 脇　9.6 / わ / 7 / 8.5

内ポケットB 後側　9.6 / わ / 15 / 16.5

内ポケットC 前側　9.6 / わ / 14.5 / 16

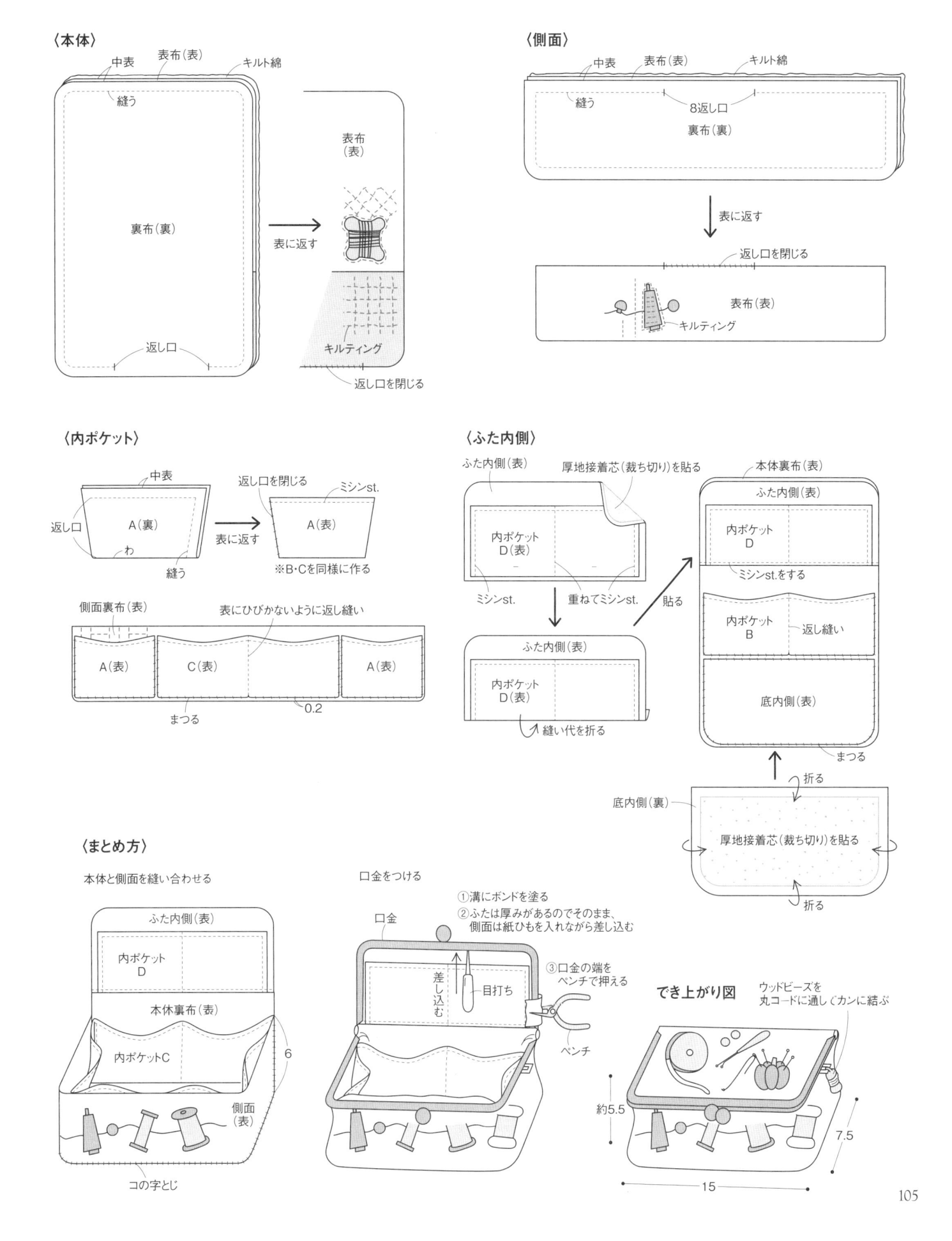

〈本体〉
中表　表布(表)　キルト綿
縫う
裏布(裏)
表に返す
表布(表)
キルティング
返し口
返し口を閉じる

〈側面〉
中表　表布(表)　キルト綿
縫う　8返し口
裏布(裏)
表に返す
返し口を閉じる
表布(表)
キルティング

〈内ポケット〉
中表
返し口
A(裏)
わ
縫う
表に返す
返し口を閉じる
A(表)
ミシンst.
※B・Cを同様に作る

側面裏布(表)
表にひびかないように返し縫い
A(表)　C(表)　A(表)
まつる
0.2

〈ふた内側〉
ふた内側(表)　厚地接着芯(裁ち切り)を貼る
内ポケット D(表)
ミシンst.　重ねてミシンst.
ふた内側(表)
内ポケット D(表)
縫い代を折る

本体裏布(表)
ふた内側(表)
内ポケット D
ミシンst.をする
内ポケット B　返し縫い
底内側(表)
まつる
貼る

底内側(裏)
厚地接着芯(裁ち切り)を貼る
折る
折る

〈まとめ方〉
本体と側面を縫い合わせる
ふた内側(表)
内ポケット D
本体裏布(表)
内ポケット C
側面(表)
6
コの字とじ

口金をつける
口金
①溝にボンドを塗る
②ふたは厚みがあるのでそのまま、側面は紙ひもを入れながら差し込む
③口金の端をペンチで押える
差し込む
目打ち
ペンチ

でき上がり図
ウッドビーズを丸コードに通しカンに結ぶ
約5.5
15
7.5

105

27 ベツレヘムの星 …… p.042

[材料]
パッチワーク用布…ベージュ先染めストライプ110×170cm・スクラップ布を使用、裏布・キルト綿各110×270cm、バインディング（バイアス）…グレーチェックネル3.5×510cm

[作り方]
1 パッチワークをしてAパターンを9枚、Bパターンを16枚作る。C、C'、Dの布もそれぞれ用意する。
2 配置図を参照してパターンを縫い合わせて表布を作る。
3 表布にキルト綿と裏布を重ねてキルティングをする。
4 3の周囲をバインディングする。

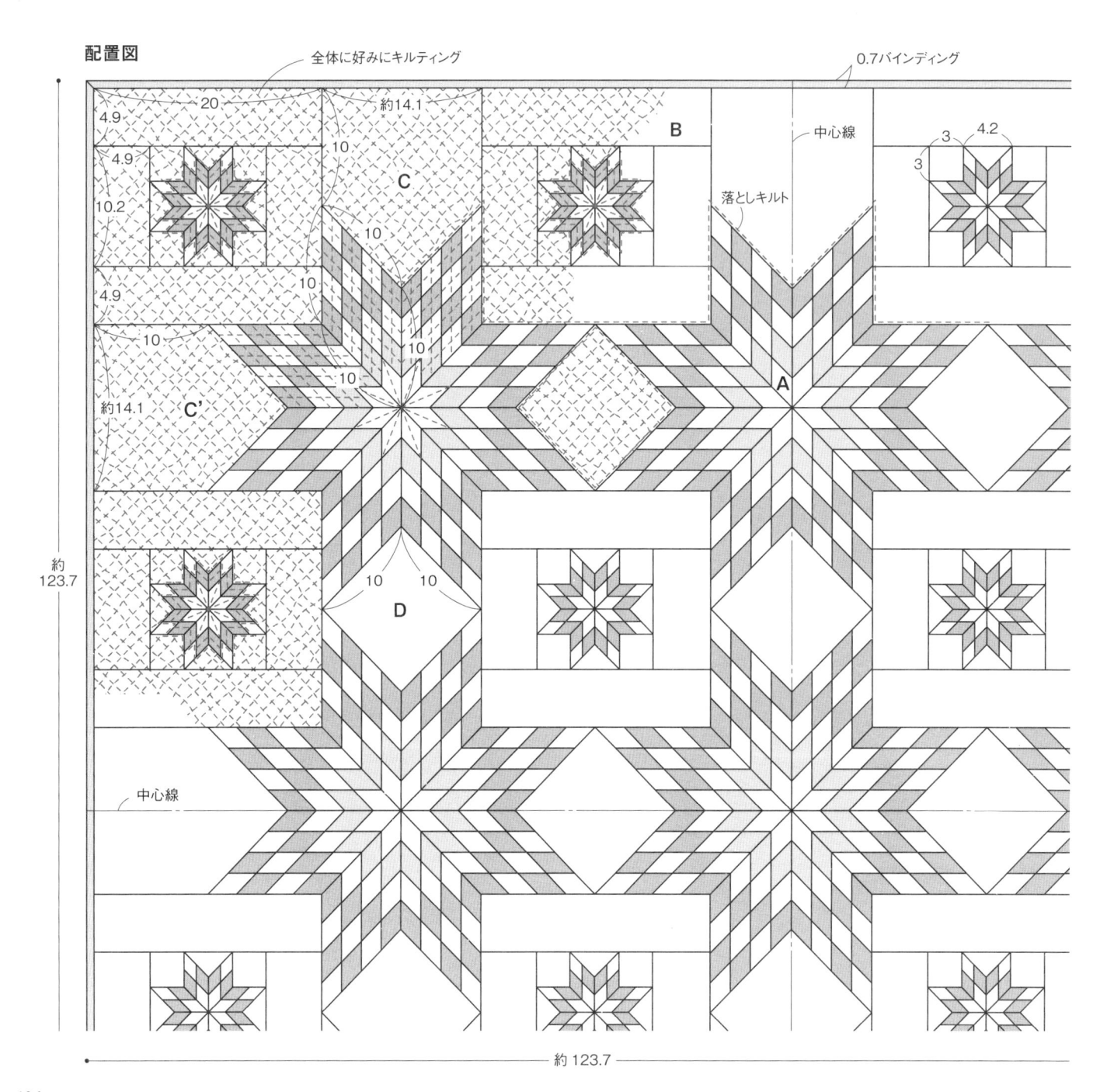

配置図

全体に好みにキルティング
0.7バインディング
中心線
落としキルト
約123.7

〈ピースワークの仕方〉

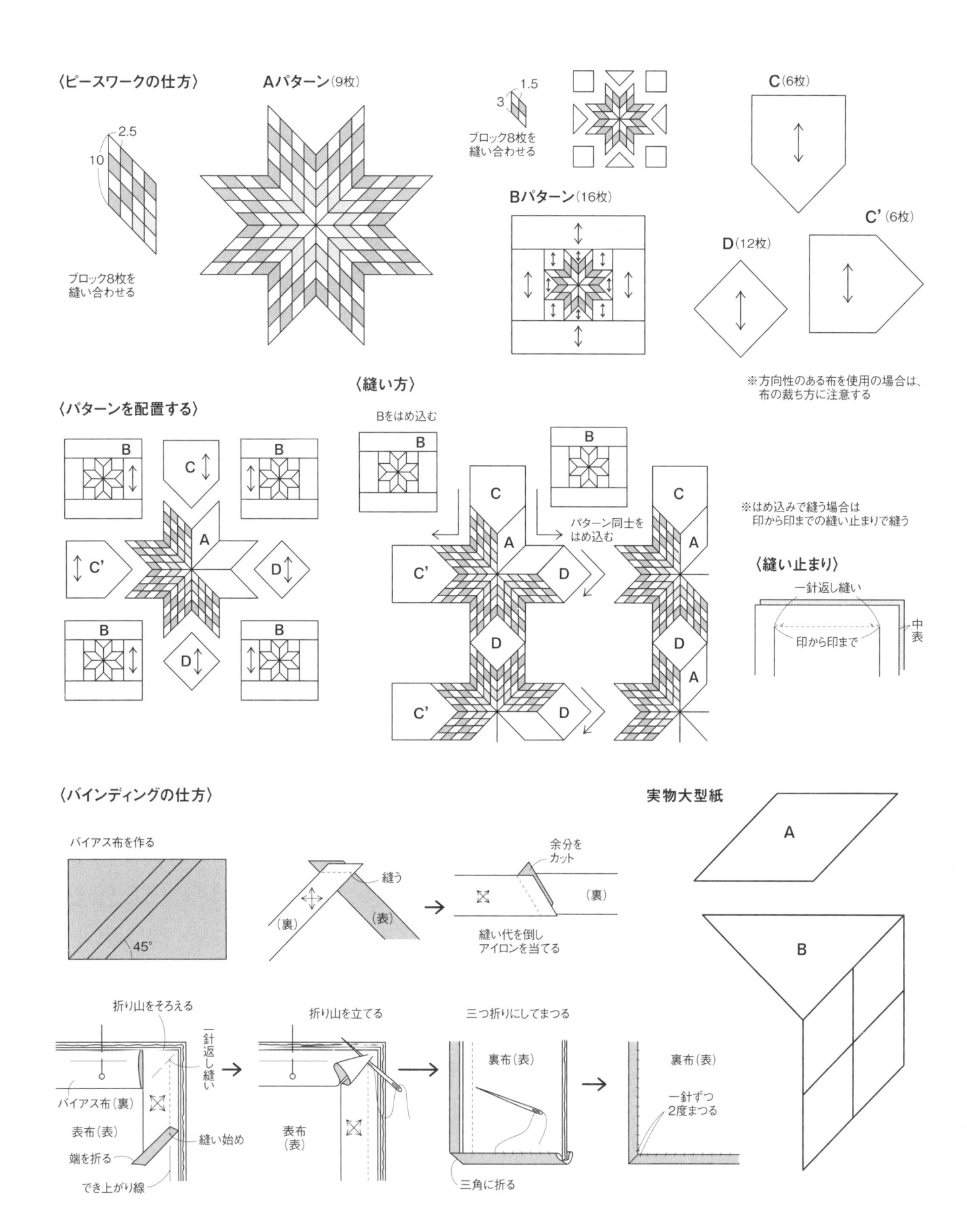

Aパターン(9枚)

2.5
10
ブロック8枚を縫い合わせる

1.5
3
ブロック8枚を縫い合わせる

Bパターン(16枚)

C(6枚)

C'(6枚)

D(12枚)

※方向性のある布を使用の場合は、布の裁ち方に注意する

〈パターンを配置する〉

〈縫い方〉

Bをはめ込む

パターン同士をはめ込む

※はめ込みで縫う場合は印から印までの縫い止まりで縫う

〈縫い止まり〉

一針返し縫い
印から印まで
中表

〈バインディングの仕方〉

バイアス布を作る

45°

余分をカット

縫う
(裏)
(表)

縫い代を倒しアイロンを当てる
(裏)

折り山をそろえる
一針返し縫い
バイアス布(裏)
表布(表)
縫い始め
端を折る
でき上がり線

折り山を立てる
表布(表)

三つ折りにしてまつる
裏布(表)
三角に折る

裏布(表)
一針ずつ2度まつる

実物大型紙

A

B

107

26 花とかごのキルト p.040　1/2縮尺型紙　巻末B面

[材料]
土台布…薄グレープリント110×110cm、アップリケ用布…スクラップ布を使用、裏布・キルト綿各110×110cm、バインディング（バイアス）…ベージュ先染めチェック3.5×450cm、25番刺しゅう糸各色・トラプント用糸・詰め綿各適宜

[作り方]
1 土台布にアップリケと刺しゅうをして表布を作る。
2 表布にキルト綿と裏布を重ねてキルティングをする。
3 2の周囲をバインディングする。
4 バインディングの際に刺しゅうをする。
5 裏からトラプントをする。

配置図

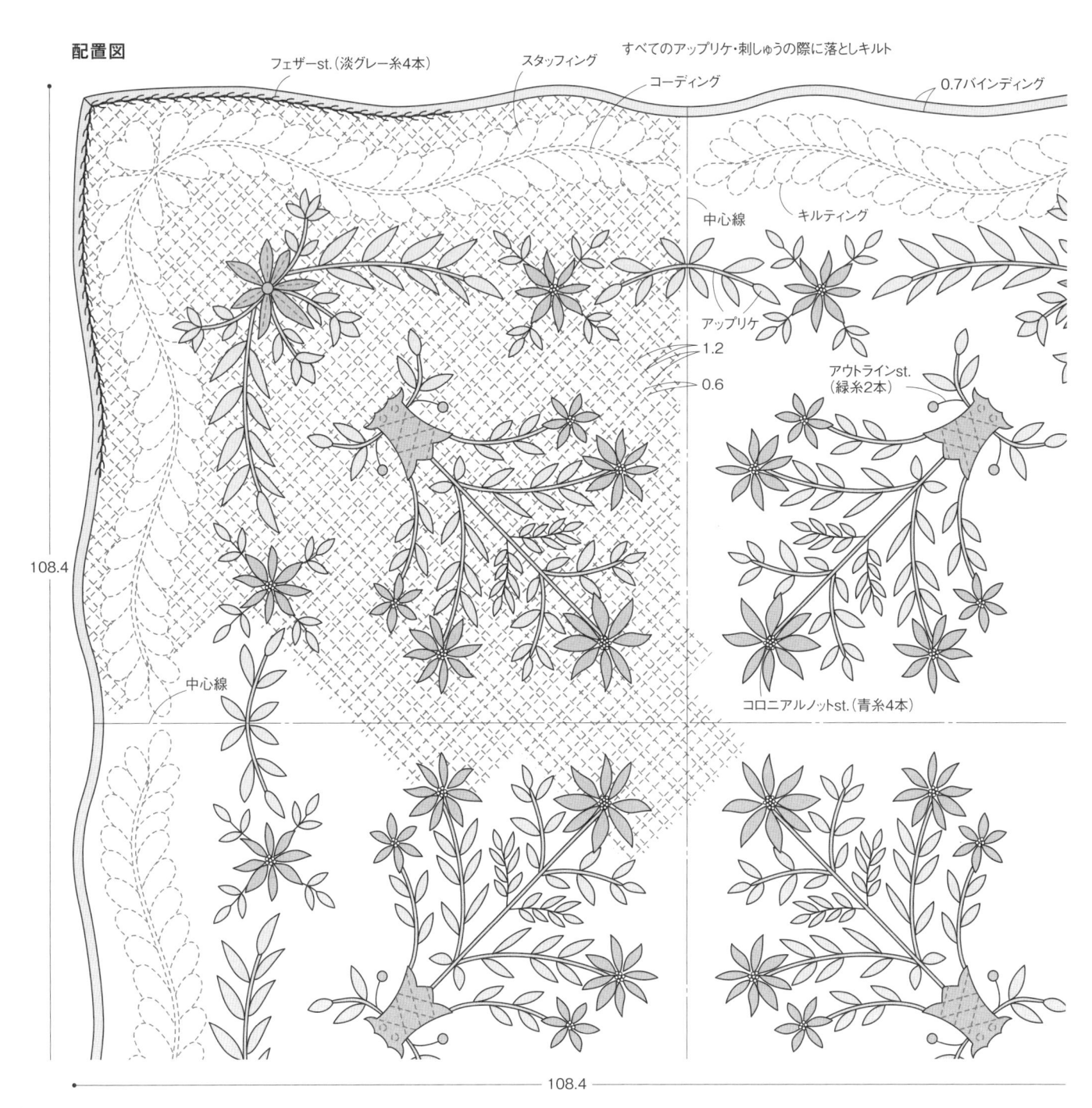

フェザーst.(淡グレー糸4本)
スタッフィング
コーディング
すべてのアップリケ・刺しゅうの際に落としキルト
0.7バインディング
中心線
キルティング
アップリケ
1.2
0.6
アウトラインst.(緑糸2本)
コロニアルノットst.(青糸4本)
中心線

108.4
108.4

28 風にゆれる花 …… p.044　1/2縮尺型紙　巻末B面

[材料]
パッチワーク・アップリケ用布…スクラップ布を使用、ボーダー用布…プリント2種各80×140cm、裏布・キルト綿各110×300cm、バインディング（バイアス）…先染めチェック3.5×535cm、25番刺しゅう糸各色適宜

[作り方]
1 パッチワーク、アップリケ、刺しゅうをして表布を作る。
2 表布にキルト綿と裏布を重ねてキルティングをする。
3 周囲をバインディングする。

配置図

※C'・E'・F'・I'・L'・N'・M'はそれぞれのアルファベットを反転して使用

0.7バインディング
キルティング
コロニアルノットst.（青糸4本）
アウトラインst.（糸2本）
アップリケ
フェザーst.（白糸2本）
0.5（バイアス）
好みにキルティング
コロニアルノットst.（白糸6本）
フレンチノットst.（糸2本）
柄に合わせてキルティング
すべてのピース・アップリケ・刺しゅうの際に落としキルト

137.4
125.4

風にゆれる花図案　　※222%に拡大して使用・刺しゅう糸の色は好みの色を使用

A

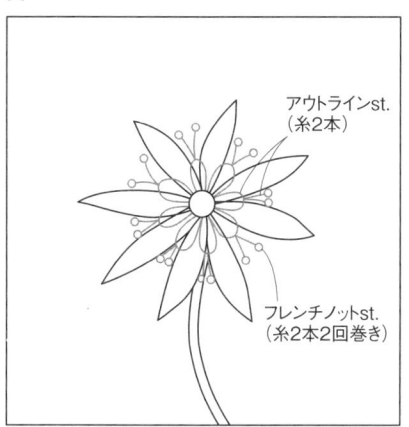

アウトラインst.
(糸2本)

フレンチノットst.
(糸2本2回巻き)

B

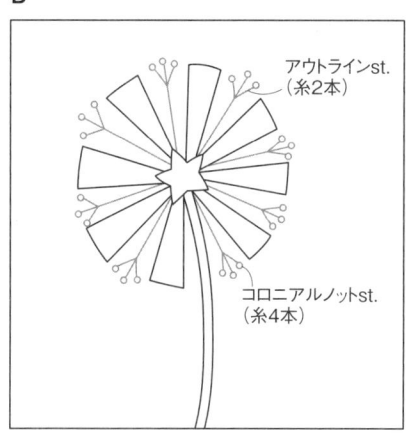

アウトラインst.
(糸2本)

コロニアルノットst.
(糸4本)

C

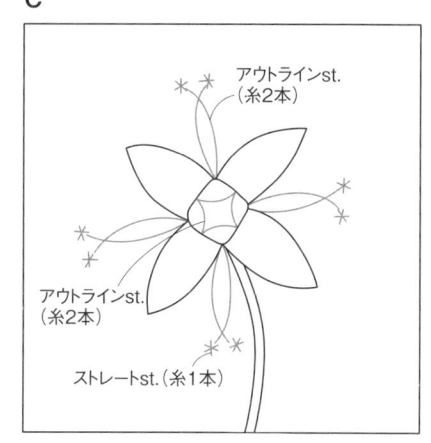

アウトラインst.
(糸2本)

アウトラインst.
(糸2本)

ストレートst.(糸1本)

D

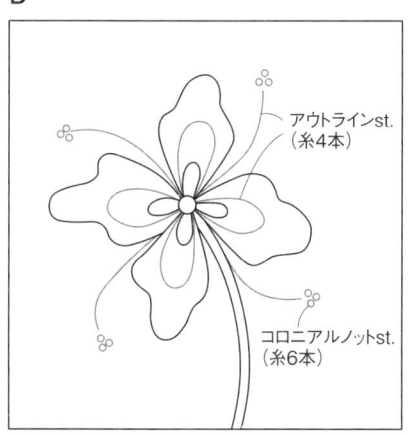

アウトラインst.
(糸4本)

コロニアルノットst.
(糸6本)

E

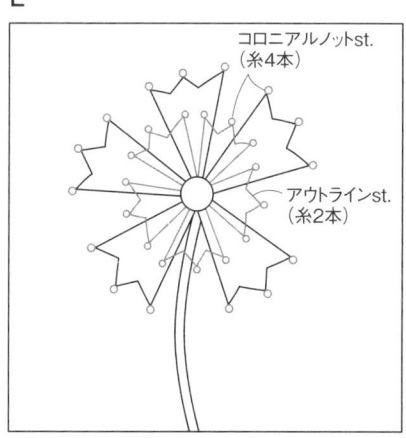

コロニアルノットst.
(糸4本)

アウトラインst.
(糸2本)

F

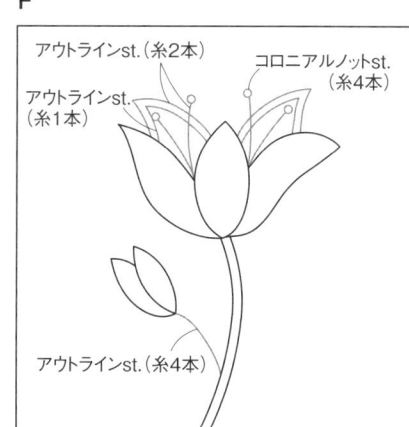

アウトラインst.(糸2本)　　コロニアルノットst.
(糸4本)
アウトラインst.
(糸1本)

アウトラインst.(糸4本)

G

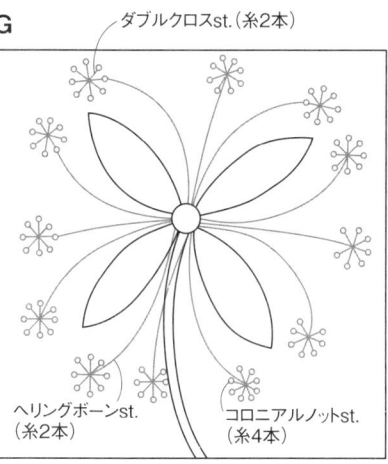

ダブルクロスst.(糸2本)

ヘリングボーンst.
(糸2本)

コロニアルノットst.
(糸4本)

H

I

クロスst.(糸1本)

フレンチノットst.
(糸2本3回巻き)

110

斉藤謠子 Yoko Saito

パッチワークキルト作家。トーンを大切にした配色と丁寧な作りの作品は、日本だけにとどまらず海外にも数多くファンを持つ。
テレビ、雑誌などで幅広く活躍。千葉県市川市にてキルトショップ＆教室「キルトパーティ」を主催。
日本ヴォーグ社キルト塾、NHK文化センター講師などを務める。
著書に『斉藤謠子のトラディショナルパターンレッスン』、『斉藤謠子の毎日使いたい大人のバッグ』(以上小社刊)など多数。

キルトパーティ（ショップ＆教室）
〒272-0034 千葉県市川市市川1-23-2 アクティブ市川2F
TEL047-324-3277　FAX047-325-2788
ホームページhttp://www.quilt.co.jp
webショップhttp://shop.quilt.co.jp

作品制作／山田数子、吉田睦美、菊地 祐、住谷恵子、竹中幸子

素材協力／株式会社ルシアン　http://www.lecien.co.jp/
お客様センター0120-817-125（通話料無料）　平日9:00～17:30（土・日・祝日は除く）

STAFF
撮影／石井宏明、渡辺華奈（プロセス）
スタイリスト／井上輝美
ブックデザイン／竹盛若菜
トレース／株式会社ウエイド（手芸制作部）
編集協力／鈴木さかえ、吉田晶子
編集担当／キルトジャパン編集部

あなたに感謝しております
We are grateful.
手づくりの大好きなあなたが、この本をお選びくださいましてありがとうございます。内容はいかがでしたでしょうか？
本書が少しでもお役に立てば、こんなにうれしいことはありません。日本ヴォーグ社では、手づくりを愛する方とのお付き合いを大切にし、
ご要望にお答えする商品、サービスの実現を常に目標としています。
小社並びに出版物について、何かお気付きの点やご意見がございましたら、何なりとお申し付けください。そういうあなたに私共は常に感謝しております。
　　株式会社　日本ヴォーグ社　社長　瀬戸信昭
　　Fax.03-3269-7874

斉藤謠子　お気に入りの布で作るキルト
センテナリーコレクション 20th Anniversary

発行日／2014年11月1日
発行人／瀬戸信昭
編集人／森岡圭介
発行・発売／株式会社日本ヴォーグ社
〒162-8705　東京都新宿区市谷本村町3-23
TEL ／03-5261-5489（編集）　03-5261-5081（販売）
振替／00170-4-9877
出版受注センター　TEL ／03-6324-1155　FAX ／03-6324-1313
印刷／株式会社東京印書館
Printed in Japan　©Yoko Saito2014
ISBN05378-5-C5077
NV70254

★本誌に掲載する著作物の複写に関わる複製、上映、譲渡、公衆送信（送信可能化権を含む）の各権利は株式会社日本ヴォーグ社が管理の委託を受けています。
JCOPY ＜(社)出版者著作権管理機構　委託出版物＞
★本書の無断複写は著作権法上での例外を除き禁じられています。複写される場合は、そのつど事前に、(社)出版者著作権管理機構（電話 03-3513-6969、FAX 03-3513-6979、e-mail: info@jcopy.or.jp）の許諾を得てください。
★万一、乱丁本・落丁本がありましたら、お取り替えいたします。
●本誌に掲載の作品を、複製して販売（店頭、ネットオークション等）することは禁止されています。手作りを楽しむためにのみご利用下さい。
●印刷の都合上、作品の色は実際と多少異なる場合があります。ご了承下さい。

日本ヴォーグ社関連情報はこちら
(出版、通信販売、通信講座、スクール・レッスン、自費出版)
http://www.tezukuritown.com/　手づくりタウン　検索

111

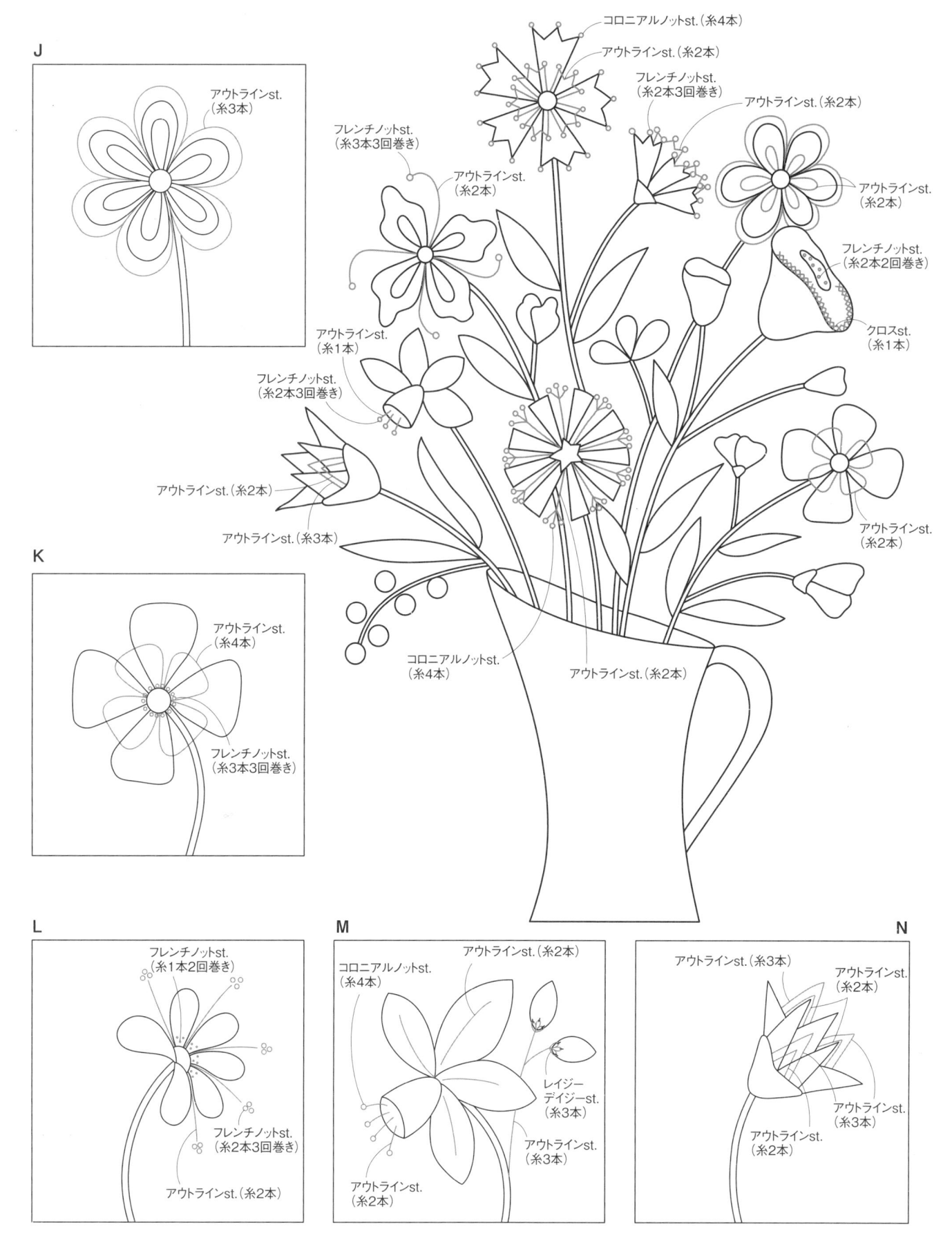